RÉCOLEMENT

DES

ARCHIVES DE L'ADMINISTRATION GÉNÉRALE

DE L'ASSISTANCE PUBLIQUE

IMPRIMERIE GOUVERNEUR, G. DAUPELEY A NOGENT-LE-ROTROU

RÉCOLEMENT

DES

ARCHIVES DE L'ADMINISTRATION GÉNÉRALE

DE

L'ASSISTANCE PUBLIQUE

QUI ONT ÉCHAPPÉ A L'INCENDIE DE MAI 1871

PAR

L. BRIÈLE

Archiviste-Paléographe, Archiviste de l'Administration

PARIS

H. CHAMPION, LIBRAIRE-ÉDITEUR

15, QUAI MALAQUAIS

1876

LES

ARCHIVES DE L'ASSISTANCE PUBLIQUE DE PARIS

AVANT ET DEPUIS L'INCENDIE DU 25 MAI 1871.

Par suite d'une erreur qui, depuis plusieurs années, tend à se propager, beaucoup de personnes croient que *toutes* les Archives historiques des hôpitaux de Paris ont été détruites par les incendies des journées de mai 1871. Il a suffi que quelqu'un affirmât, avec ce ton de conviction qui est souvent celui des malveillants et des étourdis, que l'Administration avait perdu toutes ses Archives, pour que cette erreur devînt article de foi.

Eh bien, j'ai le devoir de le dire : l'Administration de l'assistance publique a encore des Archives. Elle ne les a pas perdus tous, ces vieux titres dont elle était justement fière parce qu'elle y trouvait la preuve de l'admirable charité de nos pères, grands seigneurs ou vieux bourgeois de Paris, charité toujours agissante, toujours ingénieuse et vraiment chétienne; la preuve aussi du travail consciencieux, quoique souvent impuissant, de ces anciens administrateurs qui, s'ils luttaient à armes trop peu perfectionnées contre les maux qui accablent notre pauvre humanité, avaient du moins dans le cœur et dans l'esprit cette parole d'une de nos vieilles chartes : « que l'intencion des fondateurs et « bienfaicteurs de cest hostel-dieu est que les paouvres y soient

« receuz en cordiale charité et que ilz y soient traictez et refeitz « en compassion, doulceur et vigilante sollicitude. »

Cependant, s'il est faux que l'incendie à jamais déplorable des 25 et 26 mai 1871 nous ait privés de la totalité de nos Archives, il est malheureusement vrai qu'il a causé à notre dépôt des pertes énormes et dont la plupart — je ne dis pas toutes — sont absolument irréparables. Je vais donc, après avoir dit quelques mots de la formation des Archives hospitalières de la ville de Paris et indiqué les fonds dont elles se composaient, faire connaître sommairement, mais exactement, les portions de ces fonds que nous avons eu la bonne fortune de conserver. Ce récolement ne sera pas sans utilité pour ceux qui s'occupent de l'histoire de Paris et même de la province.

A l'exception des établissements appelés aujourd'hui établissements généraux de bienfaisance et relevant directement du ministère de l'intérieur, les Quinze-Vingts, les Sourds-Muets et les Jeunes aveugles, qui ont conservé leurs Archives, et sans tenir compte d'un certain nombre de petits hôpitaux et hospices disséminés dans les diverses paroisses de Paris, on peut dire que toutes les Archives hospitalières de la ville de Paris étaient réunies au chef-lieu de l'Administration générale de l'assistance publique dont le siége depuis l'année 1858 est place de l'Hôtel-de-Ville, quai de Gèvres et avenue Victoria.

Cette réunion ne s'est pas effectuée sans beaucoup de difficultés dont on lit avec intérêt le détail dans une notice placée en tête du deuxième volume de l'Inventaire [1]. Après des démarches et des réclamations nombreuses, l'Administration des hôpitaux et hospices, dès les premiers mois de l'an XI, était enfin en possession de l'ensemble des Archives hospitalières. Camus, membre du Conseil général des Hospices, mit au service de l'Administration son expérience qui avait été déjà si utile aux Archives nationales.

1. Cette notice a été rédigée en très-grande partie par M. Tournier, ancien archiviste de l'Administration. On ne la trouve que dans les exemplaires qui ont été distribués de notre inventaire; or, ces exemplaires sont, malheureusement, en très-petit nombre. Je reviendrai sur ce point tout à l'heure.

Les grands fonds, tels que l'Hôtel-Dieu, l'Hôpital général, étaient depuis longtemps classés et inventoriés, mais les fonds moins importants étaient arrivés en désordre dans le bâtiment construit de 1738 à 1747, rue Saint-Pierre-aux-Bœufs, uniquement pour recevoir les Archives de l'Hôtel-Dieu, mais où de 1803 à 1836 furent réunies toutes les Archives des hôpitaux et hospices de Paris. Sous la direction de Camus, des travaux de classement furent commencés qui, bientôt interrompus par la mort du premier archiviste de la République, ne furent terminés qu'en 1823. La mort de Camus avait eu pour nos Archives une conséquence bien autrement funeste que d'en suspendre le classement. On lit en effet avec surprise dans la notice dont j'ai parlé plus haut que le Conseil général des hospices, sans doute dans un but d'économie, pour n'avoir pas à agrandir l'ancien dépôt des Archives de la rue Saint-Pierre-aux-Bœufs, devenu trop étroit, fit vendre au poids ou détruire le contenu de 1550 cartons renfermant la collection presque entière des pièces justificatives des comptes de l'Hôtel-Dieu, de l'hôpital Saint-Jacques-aux-Pèlerins, des hôpitaux de Saint-Gervais et de la Trinité, pièces dont les plus anciennes remontaient à l'année 1364. Or il est permis de penser que cette vente n'aurait pas été faite aussi légèrement si Camus avait encore été membre du Conseil général. Antérieurement déjà, le 18 brumaire an VI, toujours au dire de l'auteur de la notice, des titres en mauvais état ou jugés inutiles avaient été brûlés publiquement sur la place du Parvis [1].

Les travaux de classement, terminés en 1823, aboutirent à un

---

1. Ce sont là des décisions assurément bien regrettables de l'ancienne Administration, atténuées cependant par cette considération qu'à cette époque l'ignorance de la valeur des documents d'archives était générale. Il est difficile d'admettre qu'au moment où il écrivait sa notice sur les Archives de l'assistance publique et faisait connaître des faits de cette gravité, M. Tournier n'avait pas les preuves de ce qu'il avançait. On doit regretter toutefois qu'il n'ait pas cru devoir publier les procès-verbaux du brûlement de l'an VI et de la vente des 1,550 cartons, ou, à défaut des procès-verbaux authentiques, les documents sur lesquels il appuyait son dire. Cette omission est d'autant plus fâcheuse que les titres dont s'est servi M. Tournier pour la rédaction de sa très-intéressante notice ont péri dans l'incendie de mai 1871.

répertoire général en trois volumes, mentionnant dans l'ordre alphabétique tous les fondateurs ou bienfaiteurs des hôpitaux et renvoyant, à l'aide d'indications particulières, aux dossiers de ces fondations conservés dans les différents fonds. C'était là un instrument de recherches commode pour l'Administration et qui, pendant près de cinquante ans, a été fort utile. Ce répertoire terminé (il n'avait d'ailleurs aucune valeur au point de vue historique), l'Administration jugea sans doute qu'elle avait assez fait pour ses Archives et ne s'en occupa plus. « Cette période d'abandon et d'indifférence, dit M. Tournier, fut fatale à cet intéressant dépôt, nos Archives furent impudemment dépouillées de la presque totalité des sceaux qu'elles renfermaient. D'après les indications fournies par les anciens inventaires, on peut affirmer que plus de 2,000 sceaux disparurent ainsi des Archives de l'Administration. »

Ce fait, bien autrement grave que les précédents, doit être mis à la charge de quelques employés infidèles qui, ayant un libre accès aux Archives, abusèrent de la confiance qu'avaient en eux les chefs de l'Administration et ne se firent pas scrupule (je cite encore M. Tournier) « de joindre la mutilation au vol en arrachant les lacs ou queues de parchemin qui attachaient ces sceaux. »

Pour la période de 1823 à 1864, je n'ai rien de particulier à dire de nos Archives anciennes. Fermées probablement à triple serrure, après que le fait de l'enlèvement des sceaux eût été connu, elles furent placées sous la garde spéciale du secrétaire général de l'Administration et ne s'ouvrirent plus pour personne.

M. Henri Bordier, par exception, et grâce à l'amicale intervention de M. Antoine Passy qu'il avait rencontré pour collègue à la Commission centrale des Archives et qui était l'ami de M. Husson, obtint en 1859 la permission d'y travailler, permission dont il usa durant plusieurs années et dont son mémoire historique sur Saint-Jacques-l'Hôpital ne sera pas le seul fruit.

En 1864, M. Husson, alors directeur de l'assistance publique, choisit parmi les employés de l'Administration un des plus intelligents, lui fit suivre pendant quelque temps les cours de l'École des chartes et lui confia, avec le titre beaucoup trop modeste de commis-archiviste, la mission de publier l'inventaire analytique des Archives hospitalières. M. Husson, dont la haute intelligence s'appliquait à toutes choses, avait compris qu'une Administration s'honore en publiant ces vieux et respectables documents, ces chartes originales, vieilles de plus de sept cents ans, qui font remonter si haut dans le passé l'origine authentique de l'hospitalité parisienne. M. Husson était pénétré de cette pensée que ce côté tout moral d'une Administration n'est point à négliger, qu'on peut être un esprit pratique, s'occuper très-habilement des intérêts matériels des pauvres et des malades, et en même temps recueillir avec un pieux respect les témoignages écrits de ce qu'ont pensé, dit et fait les générations disparues[1].

De 1864 à 1866, M. Tournier, après des tâtonnements et une mise en train qui lui firent perdre quelque temps, avait publié un premier volume de l'Inventaire et déjà commencé le second lorsqu'il quitta ses fonctions d'archiviste pour celles de secrétaire-rédacteur au Sénat. Au mois d'octobre 1866, sans qu'il y eût presqu'aucune interruption dans le travail, je vins occuper le poste que laissait vacant le départ de M. Tournier et je continuai sans désemparer l'inventaire. Le tome II à partir de la feuille treizième et le tome III tout entier ont été rédigés par moi d'octobre 1866 à février 1870.

Le premier volume (50 feuilles) et le second (43 feuilles avec la table) contiennent l'analyse du fonds entier de l'Hôtel-Dieu. Il était naturel que notre Inventaire commençât par cette portion la plus ancienne et la plus considérable de notre dépôt. Le tome III contient en 52 feuilles l'inventaire des fonds de Saint-Jacques-l'Hôpital (27 feuilles, y compris les tables), de l'hôpital du Saint-Esprit en Grève (8 feuilles), de la Trinité (5 feuilles), des Enfants Rouges (1 feuille), des Enfants trouvés (7 feuilles), de l'hôpital Saint-Gervais (4 feuilles), y compris les tables de ces cinq derniers petits fonds.

---

1. L'hommage que je rends ici à mon ancien chef est absolument désintéressé et ne saurait être suspecté dans ma bouche.

Le troisième volume de l'Inventaire était donc terminé en février 1870. Le quatrième volume, qui devait être consacré en entier au fonds très-important de l'Hôpital général, était en préparation, la copie d'environ six feuilles d'impression allait être envoyée chez notre imprimeur Paul Dupont, lorsque survinrent les événements de 1870-71. Au mois de septembre 1870, après l'occupation du plateau de Châtillon par les Allemands, on pouvait craindre, si Paris était bombardé, que les obus de l'ennemi n'arrivassent jusqu'à la place de l'Hôtel-de-Ville. Le moment était donc venu de prendre des mesures de précaution pour mettre à l'abri de l'incendie les parties les plus précieuses de nos collections.

J'adressai à M. Husson (que M. Mœring devait, un mois plus tard, remplacer à la tête de l'Administration) une note dans laquelle je proposais d'utiliser nos caves — très-vastes et très-sèches — pour y déposer et y garder, aussi longtemps que durerait le danger, les documents les plus importants de nos Archives. M. Husson approuva ma proposition, et douze grandes caisses furent remplies de liasses et de registres et cachées dans la partie la moins exposée de nos caves.

C'est là que je les retrouvai le 1er juin 1871, mais, hélas! c'était tout ce que je devais retrouver de nos belles Archives. Tout ce qui était resté dans les armoires ou sur les rayons du dépôt avait été détruit jusqu'à la dernière feuille de papier et de parchemin; l'incendie avait absolument tout dévoré.

Au moment où des misérables mettaient le feu aux bâtiments de l'Assistance publique, nos Archives renfermaient les fonds dont voici l'énumération exacte et complète : Hôtel-Dieu, — Hôpital général, — Hôpital Saint-Jacques-aux-Pèlerins, — Charité, — Incurables, — Grand bureau des pauvres, — Hôpital de la Trinité, — de Sainte-Catherine, — des Enfants trouvés, — du Saint-Esprit en Grève, — des Enfants Rouges, — Saint-Gervais, — Indigents des paroisses de Paris, — Hôpitaux Beaujon, — des Cent filles de la Miséricorde, — Cochin, — de l'Enfant-Jésus (rue de Sèvres), — des Orphelins, — de l'Enfant-Jésus (cul-de-sac des Vignes), — Saint-Mandé, — du Nom de Jésus (faubourg Saint-Laurent), — Communautés de Saint-François-de-Sales, — des Hospitalières de la place Royale, — des Hospitalières de la Roquette, — des Hospitalières de la rue Mouffetard, — Communauté de Saint-Louis à Saint-Cyr, — Communauté des Miramiones, — Orphelins de Saint-Sulpice, — Filles de la Providence au faubourg Saint-Marcel.

En tout 28 fonds dont 21 sont entièrement détruits. Toutefois, afin qu'on se fasse une idée aussi juste que possible de l'étendue de notre désastre — assez grand déjà pour qu'on ne se l'exagère pas encore — je dois dire qu'un grand nombre de ces fonds, la plupart même, n'avaient que peu d'importance numérique. Ainsi, sur 69 armoires qui renfermaient nos Archives anciennes, nous avons conservé le contenu d'une vingtaine au moins. Le seul fonds de l'Hôtel-Dieu, dont nous avons sauvé plus des deux tiers, occupait à lui seul 22 de ces armoires.

Les fonds qui sont encore représentés actuellement aux Archives de l'Assistance publique et dont le récolement va être fait sont : l'Hôtel-Dieu, — l'Hôpital Saint-Jacques-aux-Pèlerins, — l'Hôpital général, — les Enfants trouvés, — les Enfants Rouges, — la Trinité, — le Saint-Esprit en Grève.

Nos pertes, que je n'ai pas cherché à dissimuler, sont énormes. Il me semble néanmoins que nous devons nous estimer heureux d'avoir pu conserver environ le quart de l'ensemble de nos Archives historiques, surtout si l'on considère que ce quart représente les titres les plus précieux que renfermait notre dépôt. Je ne veux pas trop insister sur le service que j'ai rendu à l'Administration de l'Assistance publique, en prenant l'initiative des mesures de précaution que commandaient les circonstances. J'ai fourni jusqu'ici, dans cette Administration, assez de preuves de réserve et de discrétion, pour qu'on ne m'accuse pas de vouloir donner à ce service plus d'importance qu'il n'en a, mais on trouvera assurément très-légitime mon désir qu'il soit apprécié comme il mérite de l'être.

J'ai dit plus haut qu'au moment de l'incendie de nos Archives, trois volumes de l'Inventaire avaient été imprimés. Le tirage de cette publication était à 800 exemplaires. Or, j'ai déjà fait remarquer qu'en dehors des 90 ou 95 exemplaires répartis par les soins du ministère de l'Intérieur entre les départements et quelques bibliothèques administratives de Paris, cet Inventaire n'est pas connu. En effet les 700 exemplaires non distribués avaient été versés par l'imprimerie Dupont aux Archives; ils y ont été brûlés.

Après plusieurs années d'une économie sévère qui répareront les pertes matérielles causées par l'incendie partiel des bâtiments du chef-lieu et la détérioration de plusieurs édifices hospitaliers, l'Administration pourra peut-être prélever, sur quelque sous-chapitre de son budget de vingt-six millions, cinq ou six mille francs pour réimprimer cet Inventaire. Elle donnera ainsi satisfaction aux prescriptions réglementaires de l'article 5 du décret du 22 décembre 1855 et au désir de tous ceux qu'intéresse l'Histoire de Paris.

RÉCOLEMENT

DES ARCHIVES HISTORIQUES

DE L'ASSISTANCE PUBLIQUE.

TITRES DE PROPRIÉTÉ.

MAISONS DANS PARIS.

Rue du Sablon. — Layette 1re, liasse 1re. — (XIIIe siècle. — 1674.) — 13 pièces parchemin, 5 pièces papier. — 1 plan du XVIIIe siècle.

Donation à perpétuité à l'H.-D. par le prieur de Long-Pont (original, commencement du XIIIe siècle). — Contrat de vente (mai 1235). — Cessions, sentences, du prévôt de Paris des années 1453, 1455, 1470, 1471, 1557, 1568, 1570, 1605, 1647. — Requête présentée aux gouverneurs de l'H.-D. afin qu'ils fassent écouler l'eau qui descend de plusieurs rues à travers le Marché-Neuf au lieu de la faire passer dans la ruelle du Sablon, où elle est une cause d'infection pour les maisons du voisinage (XVIe siècle). — Requête des gouverneurs de l'H.-D. sur le même sujet aux présidents trésoriers de France, généraux des finances, etc. (XVIe siècle).

Maison à l'enseigne du Chat qui pêche et autres maisons. — Layette 1re, liasse 2e. — 39 parchemins, 1 pièce papier. — 1223-1536.

Charte d'Étienne, archidiacre de Paris. René du Petit-Pont

autorise sa cousine Béatrix de Bégaude à donner, pour le salut de son âme, deux maisons situées près du Petit-Pont (1223). — Charte d'Oddon, abbé de Saint-Germain-des-Prés. — Donation desdites maisons par Béatrix de Bégaude aux frères et sœurs de l'H.-D., 1224. — Abandon par Gaultier Poignet, Ollivier de la Forest et Johannet de Chaumont de cens qu'ils possédaient sur ladite maison, 1297, 1298. — Bail de 1305. — Acte d'échange, 1347. — Autre maison située même rue du Sablon. — Lettres passées sous le sceau de l'official de Paris par lesquelles Me Pierre Rousseau, prêtre, donne à perpétuité à l'H.-D. une maison sise en la cité, rue du Sablon (1337). — Sentence du prévôt de Paris contre les trésoriers et chanoines de la Sainte-Chapelle au sujet de ladite maison, 1397. — Opposition formée par l'abbesse et les religieuses du couvent de Montmartre (1401). — Les gouverneurs de l'H.-D. reconnaissent avoir reçu de la veuve de feu Nicolas de Villiers et de Joachim Roulland, son gendre, les titres d'une maison située rue des Prêcheurs, à l'enseigne de la *Cuillière* (1536).

Maisons rue du Sablon et clôture de cette rue. — Layette 1re, liasse 3e. — 18 parchemins. — 1206-1541.

Échange entre l'abbaye Saint-Victor et l'H.-D. qui devient propriétaire de différentes maisons rue du Sablon entre l'hôtel de Pierre de Villeneuve et la Seine (sub domo Petri de Villa Nova usque ad Secanam) (1206). — Contestation entre l'H.-D. et les dames de la Sauçaye, d'une part, et, d'autre part, Robert de Hangest (1223). — Titres de propriété d'une maison rue du Sablon cédée à l'H.-D. par les religieuses de la Soçoye de lez Villejuye (1230, 1245, 1330). — Le sire de Neufville, voyer de Paris, permet à l'H.-D. de fermer la rue du Sablon et la ruelle qui aboutit à cette rue (1482). — Autorisation au sire de Bragelonne d'avoir une clef de la porte qui ferme cette rue (1541).

Maison du chef Saint-Quentin, située au bout du Petit-Pont. — Layette 1re, liasse 4e. — 1310-1759. — 23 parchemins, 1 pièce papier.

Titres de propriété de cette maison; procès intervenus entre l'H.-D. et les chanoines de la Sainte-Chapelle (1310-1480). — Ordonnance du grand voyer concernant l'alignement d'une maison située rue du Marché-Palu et tenant aux salles de l'H.-D. (juillet 1759).

Maison du Chat qui pêche. — Layette 1re, liasse 5e. — 1509-1531. — 5 parchemins.

Procédure entre Nicolas de Villiers et les chanoines de la Sainte-Chapelle au sujet de la maison ayant pour enseigne le Chat qui pêche (1509-1531). — Abandon de cette maison à l'H.-D.

Masure et jardin rue du Sablon et deux autres maisons au Petit-Pont. — Layette 1re, liasse 6e. — 1254-1704. — 8 parchemins.

Vente par Guillaume Maréchal à Guillaume de Chartres, chanoine de Saint-Quentin, de la moitié d'une maison sur le Petit-Pont et de la moitié de la place située derrière moyennant 360 livres parisis (1254). — Acquisition par le roi, au profit de l'H.-D., de la saillie d'une maison sur le Petit-Pont, tenant d'un côté à l'H.-D. et de l'autre donnant sur la rivière (1260). — Bail par l'H.-D. à Jean Guymiez d'une maison et d'un jardin rue du Sablon (1457). — Consultation pour les gouverneurs de l'H.-D. qui appelaient d'un arrêt par lequel ils avaient été déboutés d'une instance contre le neveu du cardinal Légat, au sujet de la démolition de plusieurs maisons abattues pour l'agrandissement de la salle du Légat (1558).

Droits paroissiaux du curé de Sainte-Geneviève des Ardents. — Layette 1re, liasse 7e. — 1260-1482. — 5 parchemins.

Rente de 30 sous parisis payée annuellement au curé de Sainte-Geneviève la petite pour ses droits paroissiaux sur diverses maisons situées sur sa paroisse et démolies pour agrandir l'H.-D. (octobre 1260). — Procédure entre l'H.-D. et le curé de cette paroisse (1473-1482).

Cens et rentes dus à l'H.-D. sur plusieurs maisons au Petit-Pont. — Layette 1re, liasse 8e. — 1221-1645. — 32 parchemins.

Titres de rente, d'échange, sentences de la prévôté de Paris, vidimus relatifs à diverses maisons situées sur le Petit-Pont, à l'enseigne des Trois-Rois (1269-1426), de l'annonciation Notre-Dame, plus tard le Croissant (1259-1318), du Faucon (1303-1640).

Maisons du Plomb, de la Fleur de Lys et autres situées au parvis Notre-Dame. — Layette 2e, liasse 9e. — 1323-1401. — 18 parchemins.

Amortissement de la maison du Plomb, située derrière la chapelle de l'H.-D. (1323). — L'H.-Dieu devient acquéreur de cette maison, 1324. — Vente par Jacqueline de la Salle à l'H.-D. d'une maison voisine de la maison du Plomb (1350). — Donation par Hennequin Davy à l'H.-D. de la maison de la Fleur de Lys (1363).

Maison du Chantier et autres situées au parvis Notre-Dame. — Layette 2e, liasse 10e. — 3 parchemins, 4 pièces sur papier. — 1626-1766.

Échange entre le chapitre de Notre-Dame et l'H.-D. 1626. — Arrêt d'homologation du contrat d'échange (1629). — Échange entre l'H.-D. et le sieur de Harlay (1651); transaction entre l'H.-D. et l'archevêque de Paris au sujet d'une place et d'un jardin rue l'Évêque, 1633.

Deux maisons attenantes situées place du Parvis. — Layette 2e, liasse 11e. — 1633-1749. — 12 parchemins, 7 pièces papier.

Acquisition par échange du chapitre Notre-Dame de deux maisons, sur le parvis; l'H.-D. donne en échange la terre d'Epiais et la ferme de Brogy, 1693. — Baux de ces deux maisons.

Layette 2e, liasse 12e. — 1672-1750. — 2 parchemins, 4 pièces papier.

Ordonnance du grand voyer, alignements et plans concernant la construction d'un perron devant la porte de l'H.-D. du côté du Parvis (1672). — Sentence des trésoriers de France pour l'établissement de nouveaux perrons devant les entrées de l'H.-D. à cause de l'abaissement du pavé, 1748.

Layette 2e, liasse 13e. — 1602-1682. — 4 parchemins, 1 pièce papier.

Titres de propriété des deux tiers d'une place adossée contre le mur du petit Châtelet donnée par M. Robin (1602-1682).

Layette 2e, liasse 14e. — 1307-1609. — 29 parchemins, 4 pièces papier. — Maison à l'enseigne de la Queue du Renard, rue de la Bûcherie.

Bail à cens par l'H.-D. de deux maisons en la Bûcherie, 1307. — Donation par Emery Pélerin à l'H.-D. de tous ses biens, parmi lesquels une maison à l'enseigne de la Queue du Renard, tenant à la ruelle du Trou-Punais, 1481. — Testament d'Emery Pélerin, 1482. — Cession à l'H.-D. de rentes assises sur ladite maison (1486-87). — Baux par l'H.-D. de ladite maison (XVIe siècle).

Layette 2e, liasse 15e. — XVIIe et XVIIIe siècles. — 1 parchemin, 12 pièces papier.

Vente à l'H.-D. d'une maison rue de la Bûcherie, à l'enseigne de l'Image saint Liennard (1646). — Pièces de procédure concernant ladite maison.

Layette 2e, liasse 16e. — 1599-1646. — 8 parchemins, 3 pièces papier.

Vente à l'H.-D. d'une maison rue de la Bûcherie, à l'enseigne de la Croix d'or. — Contrats de donation, partage, ventes, relatifs à cette maison (1599-1646).

Layettes 2e et 3e, liasses 17 à 20. — 1627-1754. — 14 parchemins, 28 pièces papier.

3 maisons rue de la Bûcherie, à l'enseigne de l'Ecouvette, de saint Liennard, de l'Image Notre-Dame. — Actes de vente, sentences du Châtelet, quittances (1627-1653). — Vente à l'H.-D. d'une maison adossée au mur du Petit-Châtelet (1654-1754).

Layette 3e, liasses 21 à 23. — 1364-1704. — 45 parchemins, 10 pièces papier.

3 maisons rue de la Bûcherie, à l'enseigne du Sauvage, au coin du port Rolay, à l'enseigne du Mouton blanc. — Acte de vente à l'H.-D. par Guillaume Lorris de 40 sous parisis de rente sur la maison à l'Image Notre-Dame.

Layette 3e, liasses 24 à 26. — 1450-1725. — 30 parchemins, 11 pièces papier.

3 maisons rue de la Bûcherie, les deux premières à l'Image saint Jean et à l'Image sainte Barbe. — Acquisition par l'H.-D. de la maison à l'Image saint Jean (1645); titres antérieurs à cette acquisition (1460-1640). — Acquisition par l'H.-D. de la maison à l'Image sainte Barbe (1629). — Cession par l'abbaye Saint-Etienne-du-Mont à l'H.-D. de ses droits sur les maisons acquises

rue de la Bûcherie et situées dans la censive de l'abbaye (1653). — Titres d'une maison, sans désignation particulière, située rue de la Bûcherie, appartenant à l'H.-D. (1450-1488).

Layette 3e, liasses 27 et 28. — 1248-1646. — 47 parchemins, 2 pièces papier.

2 maisons rue de la Bûcherie à l'enseigne du Lion d'or de Flandres et du Couperet. — Bail à loyer par l'H.-D. à Guillaume des Boullons, teinturier, de la maison à l'enseigne du Lion d'or de Flandres et du quai en pilotis qui était derrière (1446). — Autorisation à Geoffroy Ribault de construire un quai sur pilotis en saillie sur la rivière, semblable à ceux qui sont derrière les maisons de la rue de la Bûcherie (1490). — Vente par Pétronille, veuve de Gilles Scancionis, à Nicolas Lombard, clerc, d'une maison rue de la Bûcherie (1248). — Cession à l'H.-D. de rentes assises sur ladite maison (1258-1292). — Baux passés par l'H.-D.

Layette 4e, liasses 29 à 32. — 1553-1734. — 29 parchemins, 37 pièces papier.

Maisons rue de la Bûcherie à l'enseigne : des trois Marmousets, du Passe-Temps, de l'Ecu de France, de l'Image saint Jame. — Acquisition par l'H.-D. Titres de rentes, baux, pièces de procédure.

Layette 5e, liasses 33 à 39. — 1559-1758. — 81 parchemins, 269 pièces papier, 9 plans.

Maisons rue de la Bûcherie, à l'enseigne : du Papillon, du Loup, des Carneaux, de l'Image saint Louis, du Lion ferré. — Savinien de Cirano, conseiller du Roi, donne à bail à Guillaume Durant, marchand boucher, le quart d'une maison à l'enseigne du Papillon (1573). — Pièces de procédure concernant la maison du Loup (1559) ; acquisition par l'H.-D. en 1653. — Acquisition par l'H.-D. de la maison des Carneaux appartenant à Madame Rolland (1709). — Procès-verbal de la visite de la maison du Lion ferré par Michel Villedo, maître général des œuvres de maçonnerie des bâtiments du Roi. — Acquisition par l'H.-D. des sieur et demoiselle Aliger d'une maison au coin de la rue de la Bûcherie et du Fouarre (1723) ; droits dus sur cette maison aux religieux de Sainte-Geneviève-du-Mont. — Maison occupée par les greniers à blé de l'H.-D. construits en 1722. — Souterrain de huit pieds de largeur construit sous la rue de la Bûcherie pour faire communiquer le port de l'H.-D. avec ces magasins à blé. — Plans du prieuré de Saint-Julien-le-Pauvre et des magasins à blé (XVIIIe siècle).

Layette 6e, liasse 40e. — 1515-1766. — 40 parchemins, 106 pièces papier, 4 plans.

Pont de l'H.-D. Salles bâties sur ce pont, droit de passage. — Lettres patentes de François Ier, ordonnant une enquête sur la commodité ou l'incommodité du pont projeté (1515). — Enquête sur la construction du pont (1516-1589). Devis des ouvrages à faire (1626); plans; réception des ouvrages du bâtiment du pont (1632). — Arrêt du Conseil d'Etat qui fixe à un double par piéton et deux doubles par cavalier le droit de passage sur le pont de l'H.-D. (1634). — Baux du droit de passage (1636-1734).

Layette 6e, liasse 41e. — 1614-1734. — 7 parchemins, 4 pièces papier.

Maisons acquises pour la construction du pont, rue du Port-Lévêque; baux et transactions antérieurs à ces acquisitions. — Bail à rente de boutiques et échoppes sur le pont au double.

Layette 6e, liasses 42 à 48. — 1585 — XVIIIe siècle. — 67 parchemins, 196 pièces papier.

Sentence du prévôt des marchands qui autorise l'H.-D. à faire construire des piliers dans l'eau pour consolider les bâtiments qui menaçaient ruine (1682). — Construction d'un aqueduc et d'une voûte sur la rivière (1620-1767). — Hôpital de femmes et filles convalescentes sortant de l'H.-D. — Donation par M. de Fieubet à l'H.-D. d'une maison rue de la Bûcherie pour y établir cet hôpital (1645). — Lettres patentes de Louis XIV ratifiant l'établissement de l'hôpital; Mme de Fieubet devenue veuve dote l'hôpital d'une rente de 3,000 livres tournois (1648). — Arrêt du Parlement rappelant le règlement de 1560 qui défendait de nourrir des convalescents dans l'H.-D. (1659). — Projet d'un hôpital de convalescents qui n'a pas été exécuté (1674-1676). — Cession par la ville de Paris à l'H.-D. d'un terrain sur les bords de la rivière et près de la place Maubert (1738). — Maison rue de la Bûcherie acquise par l'H.-D. des demoiselles Herbinot, des sieurs Coquebert, Arnoult, de Vougirard et Noblet (1585-1765).

Layette 6 *bis*, liasses 49 à 53. — 1581-1763. — 73 parchemins, 164 pièces papier.

Maisons rue de la Bûcherie acquises des sieurs et demoiselles Corpelet et Allain, des dames de Brilhac et de Montigny, du sieur de Genty, des demoiselles Paneau de Mareuil et Goislard. — Lettres patentes autorisant ces ventes, baux, quittances.

Layette 7ᵉ, liasses 54 et 55. — XVIIᵉ et XVIIIᵉ siècles. — 84 plans, 1 gravure.

Plans de l'H.-D. (1698); — plans de détail; — plan du bâtiment des Enfants trouvés (1746); — plan de l'ancien bureau de l'H.-D., rue Saint-Pierre-aux-Bœufs (1749); — plan de la rivière du côté de l'H.-D. levé par ordre de la ville (XVIIIᵉ siècle).

Layette 7ᵉ, liasse 56ᵉ. — 1714-1719. — 23 pièces papier, 6 plans.

Bâtiment de la salle Saint-Antoine commencé en 1714 et construit entre le mur du petit Châtelet et la salle Saint-Charles. — Délibération du Bureau de l'H.-D. concernant la construction de ces nouvelles salles (1714). — Avis de l'architecte; — plans de toutes les maisons sur l'emplacement desquelles ont été construites les salles Saint-Antoine et Saint-Charles.

Layette 7 *bis*, liasses 57 à 61. — 1351-1790. — 52 parchemins, 218 pièces papier, 12 plans.

Documents relatifs aux cimetières de la Sainte-Trinité, des Innocents et de Clamart. — Mémoire pour l'H.-D. de Paris contre les religieux de la Trinité au sujet d'un cimetière (commencement du XIVᵉ siècle). — Concession au couvent d'Hermières des fruits et herbes du cimetière de la Trinité (1353). — L'H.-D. cède aux administrateurs de l'hôpital de la Trinité une partie du cimetière (1552). — Défense faite par le roi d'inhumer des cadavres au cimetière de la Trinité (1555). — Arpentage du cimetière (1570); — transactions entre l'H.-D. et l'hôpital de la Trinité (1670); — plan du cimetière (1697). — Lettres patentes du roi Jean II qui autorisent l'H.-D. à enterrer de nouveau ses morts au cimetière des Innocents, malgré la défense faite par le Roi son père pendant la peste de 1348 (septembre 1351). — Titres concernant le droit qu'avait l'H.-D. d'inhumer ses morts dans le cimetière des Innocents; — permission de construire des tombes (1371-1537); — plan de la partie du cimetière des Innocents appartenant à l'H.-D. (XVIIIe siècle), — Cimetière de Clamart. — Vente par M. Lenoir, curé de Saint-Hilaire-au-Mont, au profit de l'H.-D. et de l'hôpital de la Trinité d'une maison et d'un jardin rue des Barres, vis-à-vis l'hôtel Scipion, au lieu dit la Croix de Clamart (1672). — Autres maisons achetées pour l'établissement du cimetière de Clamart. — Indemnité payée au chapitre de Saint-Marcel (1674-1695). — Construction de la chapelle (1692). — Trois plans du cimetière de Clamart (XVIIIe siècle). — Fermeture pendant la nuit de la rue de la Muette (1769). — Plan du quartier du cimetière de Clamart (XVIIIe siècle).

Layette 8e, liasse 62e. — XVIIe et XVIIIe siècles. — 48 parchemins, 91 pièces papier, 3 plans.

Hôpital Saint-Louis. — Edit du Roi Henri IV portant don et octroi à l'H.-D. sur chaque minot de sel vendu dans la généralité de Paris de 10 sous dont 5 sous pendant 15 années seulement et 5 sous à perpétuité à la condition que les maîtres et gouverneurs feraient construire une maison pour servir d'hôpital aux malades de la contagion (mai 1607). — Edit du roi Louis XIII portant don à perpétuité des 5 sous qui n'avaient été accordés que pour 15 ans par l'édit précédent (avril 1613). — Titres relatifs à l'acquisition de terrains et de maisons pour la construction de l'hôpital Saint-Louis (1607-1608). — Arpentage du marais situé près de l'hôpital (1757-1792).

Layette 8e, liasses 63 à 65. — 1607-1663. — 6 parchemins, 145 pièces papier.

Hôpital Saint-Louis. — Devis des ouvrages de maçonnerie pour la construction de l'hôpital. — Marché des constructions (1607-1608). Procès-verbal de réception de la maçonnerie (1610). — Mémoires de la menuiserie, de la couverture (1614). — Etat général de la dépense faite (1615). — Différends survenus entre le chapitre de Notre-Dame et les administrateurs de l'H.-D. au sujet de la nomination du chapelain de l'hôpital Saint-Louis. — Lettres autographes des administrateurs, du procureur général Joly de Fleury (1738-1741).

Layette 9e, liasses 66 à 68. — 1530-1785. — 33 parchemins, 284 pièces papier, 50 plans.

Hôpital Saint-Louis et terrain dit *la Sanitat*. — Arrêt du Parlement en faveur de l'H.-D. au sujet de la place appelée *Sanitat* (15 septembre 1563). — Règlements de police pour l'assainissement des environs de l'hôpital Saint-Louis (1618). — Inventaire des meubles de l'hôpital en 1632, 1634, 1639, 1640. — Plan de l'hôpital et des terres qui en dépendent (XVIIe siècle). — Aménagements faits à l'hôpital Saint-Louis pour recevoir les mendiants valides qui y ont été enfermés par ordre du Roi, pour la sûreté publique pendant l'hiver de 1749 à 1750. — Titres de concession d'eau par le Bureau de la ville; achat de terrain pour l'établissement de la fontaine de l'hôpital (1530-1611). — Lettres patentes de Louis XIII qui accordent à l'H.-D. une source d'eau vive appartenant au Roi au village de Belleville-sur-Sablon (1611). — Plan de l'aqueduc de l'hôpital (XVIIIe siècle). — Collection des plans de l'hôpital. Dans le nombre se trouve le plan original de l'hôpital présenté au Roi et approuvé par lui; au-dessous du plan se trouvent les trois lignes suivantes, de la main du duc de Sully : « Le Roy ayant veu les trois plants qui luy ont este representes pour la maison de la sante a ordonne que le present sera suivy. Fait a Fontenebleau par nous, grand voier de France, Maximilian de Bethune. »

Layette 10e, liasse 69e. — 1599-1625. — 11 parchemins, 62 pièces papier, 1 plan.

Maison de la Santé au faubourg Saint-Marcel. — Acquisition par les députés de la police générale de Paris de Daniel Voisin, conseiller au Parlement, et d'Antoine Lemaire, barbier-chirurgien, de deux maisons rue de l'Arbalète au faubourg Saint-Marcel, destinées au logement des pestiférés (1606); les gouverneurs de l'H.-D. sont chargés de l'administration de l'hôpital de la Santé (1607). — Plan de l'hôpital de la Santé (XVIIe siècle). — Inventaires, devis de construction.

Layette 10e, liasses 70 à 73. — XVIIe et XVIIIe siècles. — 54 parchemins, 320 pièces papier, 38 plans.

Hôpital Sainte-Anne. — Lettres patentes du Roi Louis XIV confirmant la translation des services de l'hôpital de la Santé du faubourg Saint-Marcel en l'hôpital Sainte-Anne, situé entre les faubourgs Saint-Jacques et Saint-Marcel (mai 1651). — Echange entre les gouverneurs de l'H.-D. et les fondés de pouvoirs de la régente Anne d'Autriche. L'H.-D. cède les bâtiments et les terrains de la maison de la Santé; la Reine donne en échange 21 arpents de terrain au territoire de Saint-Jean-de-Latran, lieu dit Pique-Ouës ou Longue-Avoine (7 juillet 1651). — Règlement de la Table de Marbre concernant la rivière de Bièvre (in-4°, Paris, 28 février 1716). — Ameublement et aménagement intérieur de l'hôpital Sainte-Anne (XVIIe et XVIIIe siècles). — Droits dus par l'H.-D. à l'abbaye de Sainte-Geneviève et à la commanderie de Saint-Jean-de-Latran et quittances des cens dont sont chargées les terres de Sainte-Anne (XVIIe et XVIIIe siècles). — Etats, inventaires et plans des bâtiments. — Titres qui déchargent l'hôpital Sainte-Anne et les terres qui en dépendent de l'imposition de la taille de la paroisse de Montrouge.

Layette 11e, liasse 74e. — 1446-1527. — 9 pièces parchemin, 1 pièce papier.

Titres de la maison de la Charité qui devait être construite au faubourg Saint-Germain et qui n'a pas été achevée. — Vidimus des lettres patentes du Roi François Ier par lesquelles ce Roi décide la construction d'une maison qui se nommera la Charité, destinée à recevoir les pestiférés, et donne aux gouverneurs de l'H.-D. une somme de 10,000 livres tournois pour commencer la construction de ladite maison (27 août 1519); acquisition de terrains pour la construction de cet hôpital (1519). — Lettres patentes de François Ier abandonnant à l'H.-D. les terrains et les matériaux acquis pour la construction de la Charité et annonçant que ses grandes charges ne lui permettent pas de fournir de l'argent pour l'achèvement de ladite maison (13 décembre 1527).

Layette 11e, liasse 75e. — XVIIe et XVIIIe siècles. — 8 parchemins, 69 pièces papier, 5 plans.

Lettres patentes du Roi Louis XIV, par lesquelles la Maladrerie et la chapelle de Sainte-Valère, situées au faubourg Saint-Marcel, à Paris, sont unies à l'H.-D. ainsi que les revenus de toute nature appartenant à la Maladrerie sur le territoire de Villejuif, de Corbeil, de Saint-Marcel, de Saint-Hypolyte et de Lieursain (1701). — Compte-rendu par Pierre de Corbigny de la gestion des biens de la Maladrerie de Sainte-Valère.

Layette 12e, liasse 76 à 78. — XVIIe et XVIIIe siècles. — 31 parchemins, 144 pièces papier, 5 plans.

Union du revenu du prieuré de Saint-Julien-le-Pauvre au

revenu de l'H.-D. (1653). — Bulle du pape Alexandre VII pour l'union du prieuré de Saint-Julien-le-Pauvre à l'H.-D. (8 mars 1659). — Lettres patentes de Louis XIV confirmant la réunion (1697); lettres, mémoires, pièces de procédures; deux lettres de Mazarin concernant l'union. — Bail judiciaire du revenu temporel du prieuré de Saint-Julien (1551). — Cens et rentes dus au prieuré de Longpont à cause de la chapelle de Saint-Julien (1537). — Déclaration au domaine du Roi pour le fief de Saint-Julien (1673). — Etat du revenu de Saint-Julien (xvie et xviie siècles).

Layettes 12 et 12 *bis*, liasses 79 à 96. — 1435-1711. — 38 parchemins, 86 pièces papier, 5 plans.

Maisons situées rue Galande et rue Saint-Julien-le-Pauvre, à l'enseigne des deux Cygnes, de la Hure de Sanglier, de la Nef d'argent, du Soufflet vert, de l'Image saint Séverin, des trois Corbillons, de l'Image saint Jean, de la Corne de Cerf, de la Fleur de Lys, du Coq et de la Poule. — Procédure entre l'H.-D. et les maçons et charpentiers de la confrérie de Saint-Blaise (xviie siècle). — Plan de la chapelle Saint-Blaise (xviiie siècle). — Rapport sur une visite de la chapelle Saint-Blaise (1743).

Layettes 13 et 13 *bis*, liasses 97 à 120. — 1427. — xviiie siècle. — 28 parchemins, 218 pièces papier.

Maisons situées rue de la Bûcherie, rue Saint-Jacques, rue de la Harpe, rue des Hauts-Moulins, rue Saint-Landry, rue des Marmousets, rue de la Colombe, rue Jean-Pain-Molet, à l'enseigne du Moustier, du Lion ferré, des Carneaux, de la Cloche noire, de l'Image saint Eustache, de l'Image sainte Catherine, du Cheval noir, des Canettes. — Dîmes dues au prieuré de Saint-Julien-le-Pauvre sur les territoires de Guyencourt, de Villejuif, d'Ivry, de Vitry, de Thiais, de Montmartre, de Fresnes et de Rungis (1431-1675).

Layette 14e, liasses 121 à 125 *bis* (moins la layette 124. — xive — xviiie siècles. — 35 parchemins, 129 pièces papier, 9 plans.

Pièce de terre sise au terroir de Vitry. — Terres et carrières situées entre le faubourg Saint-Jacques et le faubourg Saint-Marcel. — Confrérie de Notre-Dame-des-Vertus. — Réparations et augmentations faites à l'église de Saint-Julien-le-Pauvre. — Procès-verbaux de visite de l'église de Saint-Julien-le-Pauvre

(1651). — Inventaire des meubles et ornements de l'église Saint-Julien (1635-1756). — Cens et rentes dus au prieuré de Saint-Julien sur le territoire de Châtillon et sur deux maisons rue Saint-Julien (depuis le XIVe siècle). — Plans du prieuré de Saint-Julien-le-Pauvre (1750); plan du fief (1739).

Layette 15e, liasses 126 à 129. — XVIIIe siècle. — 22 pièces papier, 8 plans.

Les trois liasses 126 à 128 étaient en déficit dès le classement de 1823. Ces liasses renfermaient, d'après un ancien inventaire, les titres de deux maisons contiguës au parvis Notre-Dame, l'Ecu de France et le château Frileux, cette dernière au coin de la rue Saint-Pierre-aux-Bœufs. C'est dans ces deux maisons que se tenait avant 1748 le Bureau de l'H.-D. — Maison du Bureau de l'H.-D. construite en 1750; plans et états des dépenses.

Layette 16e, liasse 130 à 135 (ces trois dernières en déficit avant 1823). — 1222-1758. — 67 parchemins, 17 pièces papier.

Cens donnés à l'H.-D. par Gervais de Chamilliac, sur plusieurs maisons rue Neuve Notre-Dame; titres des années 1222, 1338, 1394, 1398. — Cens et rentes sur une autre maison rue Neuve-Notre-Dame; titres des années 1377, 1379, 1388, 1390, 1402, 1404, 1410, 1414, 1417, 1424. — Extraits du contrat de vente du bâtiment des Enfants trouvés, vendu à la ville (1758). — Cens dus sur une maison nommée la Marguerite, comprise dans l'emplacement de la chapelle des Enfants trouvés rue Neuve-Notre-Dame, 11 titres du XIVe siècle, 4 titres du XVe siècle.

Layette 17e, liasses 136 à 138. — XIIe — XVIIIe siècles. — 45 parchemins, 64 pièces papier.

Titres de trois maisons situées rue Neuve-Notre-Dame, la première à l'enseigne de la Souche, la seconde acquise du sieur Hamonin en 1666, la troisième acquise du sieur de Villevault, en 1664.

Layette 18e, liasses 139 à 141. — 1179—XVIIIe siècle. — 70 parchemins, 55 pièces papier.

Titres d'une maison rue Neuve-Notre-Dame, près la maison de l'Ecu de France, 1 titre du XIVe siècle, les autres pièces des années 1402-1466, 1467-1499. — Titres de la maison à l'enseigne de l'Ecu de France. — Accord entre l'H.-D. et les religieux de Sainte-Geneviève. — L'H.-D. aura en propriété une place située devant la chapelle Sainte-Geneviève des Ardents, une ruelle contiguë à cette place et deux maisons données par Hugues de Châteaufort, à charge de payer à l'église Sainte-Geneviève 2 sous parisis et 5 deniers de cens annuel (année 1179). — Titres des années 1241, 1290, 1292, 1299, 1301.....

Layette 19e, liasses 142 à 143. — 1257-1767. — 81 parchemins, 16 pièces papier.

Maisons situées rue Neuve-Notre-Dame, devant l'église Sainte-Geneviève des Ardents; — titres des XIIIe, XIVe et XVe siècles. — Autorisation à Pierre Malaisie, chirurgien du Roi, de faire poser des marches devant sa maison rue Neuve-Notre-Dame (1447). — Rente de 2 livres 16 sous 3 deniers tournois sur une maison au coin de la rue Neuve-Notre-Dame, vers le Petit-Pont (années 1446 à 1767).

Layette 20e, liasses 144 à 148, moins les liasses 144, 146, 147 qui étaient déjà en déficit lors du classement de 1823. — 1437-1748. — 3 parchemins, 24 pièces papier, 50 plans.

Maison située rue de Venise, près de l'église Saint-Christophe; — acquisition par l'H.-D. (1437). — Maison des archives de l'Hôtel-Dieu; — plans, mémoires, états des sommes payées pour la construction de la maison des archives de l'Hôtel-Dieu bâtie en 1739 et 1740 au coin de la rue Saint-Pierre-aux-Bœufs et de la rue Saint-Christophe.

Layettes 21e et 22e, liasses 149 à 154. — 1235-1766. — 64 parchemins, 35 pièces papier, 4 plans.

Titres d'une maison située rue de la Colombe, acquise par l'Hôtel-Dieu en 1237; — titres nouvels au profit de l'abbaye de Saint-Germain des Prés et de la confrérie des bourgeois de Paris. — Maison située rue du Chevet-Saint-Landry; — titres de l'an 1286 à l'année 1746.

Layette 23e, liasses 155 à 161. — 1189-1774. — 106 parchemins, 27 pièces papier, 9 plans.

Maisons situées rue des Marmousets, à l'enseigne de la petite Image sainte Catherine, de la Cuiller et autres. — Echange entre l'Hôtel-Dieu, d'une part, Perrette la Maigrette, maîtresse des bonnes femmes de la chapelle Estienne Haudry, fondée à Paris en la Mortelerie emprès Grève, et les bonnes femmes de ladite chapelle. — L'H.-D. cède 40 sous parisis de rente à prendre sur une maison située à Paris au cimetière Saint-Jean, à l'enseigne de l'Image saint Jacques, contre 34 sous 7 deniers parisis de rente sur une maison qui fut à Dominique de Monchalvet rue des Marmousets (16 août 1437). — Acte du chapitre Notre-Dame, duquel il appert qu'Adam, jadis clerc du Roi, a donné à l'H.-D. sa maison située devant l'église Saint-Denis de la Chatre et la maison voisine aboutissant ruelle de la Sainte-Croix, à condition que le revenu de ces maisons servirait à acheter, tous les ans, au jour anniversaire de la mort du donateur, des vivres pour les malades de l'H.-D., à l'exclusion des autres habitants de l'hôpital (année 1199). — Une charte antérieure de dix ans (1189) porte donation par le roi Philippe II à son clerc Adam, chanoine de Noyon, de la maison susdite.

Layettes 24e et 25e, liasses 162 à 171, les liasses 163, 165 et 168 déjà en déficit avant l'incendie. — Années 1286-1765. — 108 parchemins, 151 pièces papier, 3 plans.

Titres de maisons situées rue de la Licorne, rue de la Savaterie, rue de la Calandre. — Donation à l'H.-D. par Robert de l'Ile-Adam, clerc, bénéficier de l'église Notre-Dame, d'une rente de 60 sous parisis de croît de cens sur une maison rue des Oublayers (depuis rue de la Licorne) (1325). — Donation par Martin Gaignon, notaire du Roi et procureur au Châtelet, de deux moitiés de maisons et d'une rente de 8 livres parisis sur une autre maison; les revenus de cette donation sont destinés à entretenir une lampe devant les latrines ayant leur entrée dans la grande salle de l'H.-D. et à améliorer le sort des malades et des religieuses (1487). — Vidimus sous le sceau de l'official de Paris de l'acte de délivrance d'un legs fait à l'H.-D. par Renaud de Fènes, en son vivant chanoine de Saint-Quentin, d'une rente de 12 livres parisis, sur une maison située rue du Marché-Palu, devant la forge de la Cité (1324). — Rente de 3 livres 4 sous due à l'H.-D. par l'œuvre et fabrique de saint Martial (1594-1726). — Donation par Pierre Lorthon, bourgeois de Paris, à l'H.-D., de dix-huit boutiques situées le long des murs du Palais, sur le quai du grand

Cours d'eau (1640); — actes antérieurs à l'entrée en possession par l'H.-D. desdites échoppes (1617-1640).

Layette 26e, liasses 172 à 187, manquent les liasses 173 et 184. — 1300-1748. — 136 parchemins, 353 pièces papier, 25 plans.

Terrain situé près du petit Pont. — Lettres patentes de François Ier portant donation à l'H.-D. d'un terrain d'une toise trois quarts en tous sens, situé près du portail de l'H.-D. du côté du petit Pont, et permission d'y construire des échoppes ou boutiques, à charge de 40 sous parisis de cens (décembre 1543). — Arrêt du parlement de Paris portant que les maisons situées sur le petit Pont, détruites par l'incendie de 1718 et les échoppes bâties le long des murs de l'H.-D. jusqu'à la maison faisant le coin de la rue du Petit-Pont et de la rue Neuve-Notre-Dame, ne seront pas reconstruites (5 septembre 1718). — Etat des maisons brûlées ou endommagées par l'incendie du petit Pont. — Emplacement du petit Châtelet. — Arrêt du Conseil d'Etat ordonnant que vu la requête des administrateurs de l'H.-D. tendant à faire démolir le petit Châtelet et à en obtenir l'emplacement, ils indiqueront au sieur Bruant, architecte du Roi, un terrain propre à construire de nouvelles prisons (1686). — Lettres patentes de Louis XV portant don à l'H.-D. de l'emplacement du petit Châtelet et des matériaux devant provenir de sa démolition (septembre 1721). — Titres de propriété de deux maisons situées rue de la Bûcherie aux enseignes du Lion d'argent et de la ville de Calais (1610-1748). — Rente de 40 sous parisis sur une maison rue de la Bûcherie, appartenant à la faculté de médecine (1300-1689). — Maison appelée la maison de Buridan, située rue du Fouarre; échange entre la nation de Picardie de l'Université de Paris et l'Hôtel-Dieu (1551-1740). — Maisons rue de la Bûcherie aux enseignes de l'image Notre-Dame et de la ville de Rome.

Layette 27e, liasses 188 à 193. — 1540-1781 — 83 parchemins, 156 pièces papier, 22 plans.

Maisons situées rue Saint-Julien-le-Pauvre, acquises du sieur Bourgeois et de la dame Chopin, du sieur de Beaumé, de la marquise de Richerand. — Maisons rue de la Bûcherie, acquises des sieurs le Pelletier et du chapitre de l'église de Paris.

Le contenu des layettes 28 à 30, liasses 194 à 207, ne se retrouve plus.

Layettes 31e à 34e, liasses 208 à 222. — 1285-XVIIIe siècle. — 185 parchemins, 282 pièces papier.

Collége du cardinal Lemoine. — Vente par le chapitre de Paris aux Hermites de saint Augustin, d'environ 4 arpents de terre *au Chardonnet*, moyennant 40 livres parisis (1285. — Copie du XVIIe siècle). — Vente par les Hermites de saint Augustin à Jean, cardinal du titre de saint Marcelin et de saint Pierre (cardinal Lemoine), pour lui et pour les pauvres écoliers étudiants en la faculté de théologie, de la maison appelée *le Chardonnet*, située à Paris, rue Saint-Victor, près de la maison appelée la maison des Bons-Enfans, moyennant 1,000 livres parisis (1302. — Copie du XVIIe siècle). — Echange, procédure, lods et ventes; — déclaration des cens dus au cardinal Lemoine; — copie d'une quittance de partie du prix de 120,000 livres dû par les directeurs de la Compagnie des Indes pour la cession, par les sieurs de Champagny et d'Herbelay, de la moitié de la seigneurie des îles de la Guadeloupe (1538-1767). — L'Hôtel-Dieu reconnaît devoir au collége du cardinal Lemoine la somme de 7,600 livres pour droit d'indemnité, à cause de la possession en mainmorte de deux maisons situées à Paris, sur la censive dudit collége. — Construction du Pont-Marie et de l'île Saint-Louis. — Copie de l'autorisation donnée au sieur Marie de construire un pont entre le quartier Saint-Paul et l'île Notre-Dame; — copie des lettres patentes octroyées (1614). — Convention entre les sieurs Marie, Poulletier et Le Regratier, associés pour l'entreprise du pont et de l'île Saint-Louis (1617). — Débat et procès entre les associés ci-dessus et le chapitre de Notre-Dame (1616-1643). — Contrat qui accorde à Jean de La Grange la continuation de l'entreprise des travaux de l'île Saint-Louis (1623). — Construction des quais et des maisons de l'île Saint-Louis. — Donation à l'H.-D. par le sieur Pepin de Marcinval de la moitié des droits de surcens à prendre sur les maisons et bâtiments de l'île Saint-Louis (1706).

Layettes 35e à 37e, liasses 223 à 241 (manquent les liasses 223 et 229). — 1225-1787. — 242 parchemins, 375 pièces papier, 4 plans.

Rentes sur une maison rue Saint-Jacques, à l'enseigne de la Cloche percée. — Donation par Garin de Gisors à l'H.-D., au Temple et à l'hôpital Saint-Jean de Latran, de deux maisons à Paris, entre saint Benoît et saint Jacques, rue des Grès, à charge de services religieux (mai 1235). — Rente foncière de 35 sous tournois sur une maison située rue Saint-Jean-de-Latran. — Donation à l'H.-D. par la demoiselle Clavier de deux maisons rue du Plâtre-Saint-Jacques (1749) ; — actes antérieurs à cette donation, parmi lesquels se trouve le bail à cens de ces deux maisons par les maître et procureur du collége de la Marche à Jean Heberge, doyen de l'église de Poitiers (1463). — Extrait du testament de Marie Gauldré Boilleau, marchand à Paris, qui lègue à l'H.-D. 3 maisons, dont l'une rue Saint-Jacques (1727). — Cens et rentes à prendre sur le collége de Justice, rue de la Harpe. — Testament de Henry de Meso, chanoine du diocèse de Langres, par lequel il lègue à l'H.-D. une maison située rue de la Harpe, à charge de services religieux (1316). — Transaction entre l'H.-D. et les exécuteurs testamentaires de maître Jean Justice, au sujet des maisons dans lesquelles était établi le collége de Justice (1353). — Rentes sur des maisons situées rues de la Harpe, Saint-Séverin, de la Parcheminerie. — Maison à l'enseigne des trois Mores, située rue de la Parcheminerie, donnée à l'H.-D. par Martin Ricordeau, conseiller à la cour des aides (1694). — Vente par Odo Savoir, à N..., chantre de l'église de Paris, de la moitié d'une maison située rue des Ecrivains (novembre 1225). — Donation à l'H.-D. par N..., de la maison susdite (1227). — Maisons situées rue de la Huchette, et rue du Chat-qui-Pêche, acquises par vente ou par donation par l'H.-D.

Layettes 38e et 39e, liasses 242 à 247. — 1284-1762. — 95 parchemins, 154 pièces papier.

Maison située rue de la Vieille-Bouclerie, à l'enseigne du Saint-Esprit et de l'Ange. — Partage entre les héritiers de Pierre des Noyers, oublayer à Paris, de deux maisons contiguës, devant l'abreuvoir Macon, au lieu dit le Franc-Rosier (1486) ; — cession à la Faculté de théologie de deux rentes de 66 sous 8 deniers à prendre sur la maison du Saint-Esprit (1490) ; en 1502, l'H.-D. devient propriétaire de cette maison. — Rente foncière sur une maison située rue Zacharie, à l'enseigne de l'Echarpe blanche (4 titres du XIIIe siècle, le reste du XIVe siècle). — Vente par Philippe Lemoyne, notaire au Châtelet, à l'H.-D., de 3 maisons, dont 2 rue du Battoir, au coin de la rue Hautefeuille (1669). — Maison rue Saint-André-des-Arts, acquise par l'H.-D. en 1671, de Jean Denis, conseiller du Roi.

Layette 40e, liasses 248 à 253. — 1605-1765. — 75 parchemins, 137 pièces papier.

Maisons et place situées sur la contrescarpe de l'ancien fossé de la ville, entre les portes Saint-Germain et Saint-Michel. — Vente par la ville à l'H.-D. de trois maisons construites sur l'emplacement de la contrescarpe du fossé entre la porte Saint-Germain et la porte Saint-Michel, et d'une place située dans le fossé, derrière lesdites maisons, tenant d'un côté aux gros murs de la ville, d'autre à la rue de l'Observance, et par derrière au jardin de l'hôtel de Touraine (1673). — Vente par les héritiers de Pierre Racine, conseiller du Roi, à l'H.-D., de la jouissance qu'ils avaient d'une maison située rue Neuve-Saint-Lambert (1674). — Arrêt du Conseil d'Etat qui ordonne de lever le plan des terrains occupés par les anciens murs, remparts et fossés, depuis l'emplacement de la porte de Nesles jusqu'à celui de la porte Saint-Michel (1743). — Vente par la ville à l'H.-D. de maisons contiguës aux précédentes; la ville cède aussi à l'H.-D. la portion des remparts comprise dans les dépendances des maisons acquises par l'hôpital. — Cette vente est faite moyennant le prix de 20,000 livres, qui seront employées au paiement des ouvriers travaillant à la nouvelle porte Saint-Denis (1673); — autres maisons voisines des précédentes, acquises par l'H.-D. (1673-1675).

Layettes 41e et 42e, liasses 254 à 262. — 1471-1786. — 178 parchemins, 670 pièces papier, 15 plans.

Hôtel de Touraine et maison contiguë, rue des Cordeliers, près de la porte Saint-Germain. — Donation par Armand-Jean Bouthillier, abbé de Rancé, à l'Hôtel-Dieu, de la maison appelée l'hôtel de Touraine, à charge de 900 livres de rentes viagères envers diverses personnes (1662). — Confirmation par la ville de la donation faite par l'abbé de Rancé (1662). — Arrêt du Parlement défendant aux habitants de l'ancienne porte Saint-Germain de loger des bateleurs, danseurs de corde, etc. (1701); — toutefois, les administrateurs de l'H.-D. permettent, à titre exceptionnel, au *fort Samson*, anglais, de représenter sa force naturelle dans le jeu de paulme de J.-J. Retoré, rue des Cordeliers (1701). — Vente à l'H.-D. par J.-B. Despériers, écuyer de la grande écurie, d'une maison rue des Cordeliers, moyennant 14,500 livres (1682). — Arrêts du Conseil d'Etat au sujet de la construction d'un nouveau quai commençant au pont Notre-Dame, devant la rue de Gesvres, et se prolongeant jusque derrière la rue de la Tannerie; — injonction aux tanneurs et teinturiers de transporter leur industrie au faubourg Saint-Marcel ou à Chaillot (1673). — Maisons situées rue de l'Observance et rue des Fossés-Saint-Germain-des-Prés. — Maison située rue Saint-Guillaume, léguée à l'H.-D. par Jean-Philippe de Berthier, abbé de Saint-Vincent de Senlis (1667). — Bail à vie de ladite maison à Charlotte d'Aumont, marquise de Créquy. — Bail d'une maison voisine à Marie Bruslard, marquise de Charost (1730); — autre bail à Maximilien de Béthune et à Gabrielle de Châtillon, sa femme (1761-1786). — Terrain rue Saint-Dominique (anciennement rue des Vaches), acquis par l'H.-D. de la veuve de Thimoléon Hotman (1671). — Rente de 20 livres due à l'Hôtel-Dieu par les religieux de la Charité des Convalescents, pour 5 quartiers et demi de terre, sur lesquels se trouvent la maison et l'hôpital des Convalescents, grande rue du Bac (1654-1726). — Maison rue du Bac léguée à l'H.-D. par Marie-Thérèse le Petit de Verno de Chausserays (1733).

Layettes 43e et 44e, liasses 263 à 267. — 1228-1783. — 114 parchemins, 128 pièces papier, 1 plan.

Maison rue de Buci léguée à l'H.-D. par Christophe Gamard, juré du Roi ès œuvres de maçonnerie, inspecteur des bâtiments de l'H.-D. (1649). — Vente par Pierre Dubois, maçon, à l'H.-D., de deux maisons situées rue des Petits-Augustins (1670). — Maison rue de la Petite-Saunerie, à l'enseigne du Lion d'or, donnée à l'H.-D. par Nicole Macheco (1511). — Bail à cens sous le sceau de l'église Sainte-Marie de Vernon, par Euphémie, veuve d'Odon Platraz, en son vivant châtelain de Vernon, à Roger Comin, bourgeois de Paris, d'une maison située à Paris « in Sauneria, » moyennant 18 livres parisis de cens (1228). — Dix autres titres de 1228 à 1278, relatifs à la même maison; — testament de Tiphaine la Comine, qui lègue à l'H.-D. 20 livres parisis de rente sur ladite maison qui, au xve siècle, devient la propriété de l'H.-D. — Moulin sur bateau entre le pont Notre-Dame et le pont au Change. — Lettres patentes de Louis XIV autorisant l'H.-D. à établir un moulin sur bateau sur la Seine à la deuxième arche du pont Notre-Dame, du côté de la rue de la Tannerie (1653).

Layettes 45e à 47e, liasses 268 à 278. — 1307-1761. — 152 parchemins, 254 pièces papier, 10 plans.

Sentence du Châtelet condamnant Pierre Richer à payer à l'H.-D. 7 livres parisis de rente, comme détenteur d'une maison située rue de la Saunerie, près la porte de Paris, à l'image Saint-Eustache (1391). — Agathe Saponière, veuve de Richard Langlais, lègue à l'H.-D. 14 livres parisis sur une maison située rue Pierre-au-Lait, à l'enseigne de la Tête-Noire (1310) ; procédure entre l'H.-D. et le collége ou hôpital des Bons-Enfants, au sujet de ladite rente (1317-18). — Donation par François Anguière, sculpteur et peintre, et par Michel Anguière, aussi sculpteur et peintre, d'une maison située rue Neuve-des-Boucheries-Saint-Honoré, à charge de servir une pension viagère de 1,500 livres tournois à François Anguière (1666). — Contrat de mariage de Guillaume Hugon, marchand, bourgeois de Paris, et de Marion, fille de Jacques Roze, épicier, bourgeois de Paris (1383). — Testament de Jeanne de Facquant ou Facquavent, qui laisse à l'H.-D. sa maison située rue Champfleury (1468). — Maison rue Neuve-Saint-Honoré, à l'enseigne du Pilier-Vert, léguée à l'H.-D. par Pierre-Bessines Delors, chirurgien ordinaire du Roi (1681). — Maisons rue Richelieu, provenant du legs Vouët. — Louis Le Barbier, maître d'hôtel du Roi, comme ayant droit de Charles Froger, s'engage à continuer la nouvelle enceinte qui doit joindre à la ville les faubourgs Saint-Honoré, Montmartre et la Villeneuve. — Le Roi accorde au sieur Froger le terrain des anciennes murailles, des fossés et contrescarpes, à l'exception des parties qui appartiennent au cardinal duc de Richelieu, et d'un terrain de 594 toises de superficie, situé près de l'ancienne porte Saint-Honoré, tenant à une rue projetée, aboutissant par devant à la place du Marché-aux-Chevaux, et par derrière au palais du cardinal de Richelieu. — Le sieur Le Barbier remet au Roi ce terrain réservé (1633). — Don par le Roi au sieur des Noyers, intendant des finances, de ce terrain de 594 toises, sur lequel fut, entr'autres, bâtie une maison appartenant au sieur Vouët, procureur au Châtelet, et louée à un sieur Briel, baigneur-étuviste ; — donation par Claude Vouët à l'H.-D. de ladite maison (1696).

Layettes 48e et 49e, liasses 279 à 288. — 1307-1767. — 96 parchemins, 352 pièces papier, 11 plans.

Maison faisant le coin des rues Saint-Honoré et des Vieilles-

Etuves, louée à Jean Poquelin, marchand tapissier, père de Molière (1638), et léguée à l'H.-D. par Fabbien Perreau de la Charmoye, administrateur dudit Hôtel-Dieu. — Vente par Jacques de Douai en son nom et comme exécuteur testamentaire de Marie de Billy, son aïeule, et par Richard de Petit-Pont à l'H.-D., de 100 sous de rente sur une maison au coin de la rue de la Ferronnerie, moyennant 70 livres parisis « bonorum antiquorum de tempore beati Ludovici » (1307). — Fief de Tirechappe. — Vente par Jean le Folmarre, grénetier du grenier à sel de Châlons en Champagne, à Guillaume Nicolas, élu en l'élection de Paris, d'un fief sis en Tirechappe, mouvant de l'évêque de Paris, moyennant 400 livres tournois (1454); — l'évêque de Paris reçoit Guillaume Nicolas en foi et hommage (1454). — Dénombrement des maisons situées dans le fief de Tirechappe (1459-1597). — Inventaire des titres du fief de Tirechappe (XVIIe siècle); — plan du fief de Tirechappe (XVIIe siècle). — L'Hôtel-Dieu propriétaire de la 5e partie du fief de Tirechappe (1706-1710). — Cens dus sur des maisons de la rue Tirechappe (XVIe, XVIIIe siècles).

Layettes 50e et 51e, liasses 289 à 307. — 1502-1776. — 132 parchemins, 623 pièces papier, 25 plans.

Cens dus au fief de Tirechappe sur des maisons situées dans la rue du même nom (XVIe, XVIIIe siècles). — Copie du testament de J.-J. Régnier, secrétaire général des dragons de France, qui institue les pauvres de l'H.-D. de Paris ses légataires universels (1734); — l'H.-D. devient par ce testament propriétaire de deux maisons situées à Paris, rue Montorgueil et rue du Bout-du-Monde. — Donation à l'H.-D. par Jacques de Chertemps, écuyer, d'une maison à Paris, rue du Mail, et de la moitié par indivis d'une maison et d'un jeu de paume couvert rue de Grenelle, à l'endroit dit le Grand-Grenelle (1673); — plan, mémoires, procédure concernant le jeu de paume de la rue de Grenelle-Saint-Honoré (XVIIIe siècle). — Cession par la ville à Michel Vassart et Jean Cochy, bourgeois de Paris, d'un terrain situé au faubourg Montmartre, près de l'égoût, à charge de faire voûter ledit égoût et de payer à la ville un cens de 100 sous tournois (1629). — Donation par Jean Bachelier, l'un des directeurs de la compagnie des Indes, à l'H.-D., d'une maison située à Paris, rue Montmartre, à l'enseigne de la Croix-Blanche (1683). — Adjudication à l'H.-D. d'une maison située rue de la Grande-Truanderie, moyennant 24,000 livres (1740). — Cession à l'H.-D. par les veuves Delaporte et Besnard, d'une maison située à la Basse-Villeneuve, rue Neuve-Saint-Laurent (1685). — Maison située rue Plâtrière, léguée à l'H.-D. par Jean Gauldré-Boileau (1727).

Layette 52e, liasse 308. — 1367-XVIIIe siècle. — 11 parchemins, 51 pièces papier.

Fief d'Helbic, sis aux Halles de Paris, appartenant par moitié à l'Hôtel-Dieu. — Règlement concernant la vente du poisson de mer, présenté au prévôt de Paris par les conseillers des marchands forains de poisson de mer et des voituriers de poisson, et par les gens commis pour garder les priviléges desdits marchands et voituriers (27 août 1367). — Ce règlement est fondé sur des lettres patentes qui y sont vidimées et dont les principales sont : des lettres patentes de Jean II (octobre 1362), rappelant des lettres patentes de Philippe de Valois et défendant de prendre les chevaux, harnais, voitures ou denrées des marchands amenant à Paris du poisson de mer, et des lettres patentes de Charles V données le 28 juin 1367 pour concilier les intérêts des marchands forains et voituriers avec ceux des étaliers et débitants. — Observations sur la diminution de la fortune publique; — renseignements sur l'abaissement de la valeur de l'argent et sur l'élévation du prix des denrées. — Aveu de foi et hommage de Nicolas de Neufville, vendeur de poisson de mer, pour la moitié par indivis du fief d'Helbic, dont l'autre moitié appartient à la marchandise de poisson de mer, à Paris, et « de ses appartenances et appen« dences qui sont que ledit Nicolas a et prent sur les denrées de « maree que les marchans forains font venir en ceste ville de Paris « les droictz qui sensuivent : premierement sur chacun panier de « maree, une maille, item sur chacun millier de harenc ung « denier parisis, sur chacune cacque de hareng amenee par eaue « ung denier tournois, sur chacun chariot de morues VI sols tour« nois (1470). » — Donation à l'H.-D. par Marguerite de Neufville, de la moitié du fief d'Helbic (1532). — Historique du fief d'Helbic et des droits attachés à ce fief (extraits et copies du XVIIIe siècle).

Layettes 52e (*suite*) à 54e, liasses 309 à 323. — 1301-1766. — 187 parchemins, 240 pièces papier, 11 plans.

Maisons situées rue de la Poterie, rue aux Fers, à la halle aux

Poirées, rue Saint-Denis, rue des Filles-Dieu, rue Guérin-Boisseau, rue de Montmorency, rue Beaubourg, rue Court-au-Villain et rue Michel-le-Comte... Vente par Jacques Verdé, marchand de vins, à l'H.-D., d'une maison anciennement dite les jeux de paulme des halles, sise rue de la Poterie, moyennant 11,000 livres, 1719. — Rente de 6 livres 15 sous due à l'H.-D. sur une maison située rue aux Fers, à l'enseigne de l'image Saint-Jacques (1442-1750). — Rente de 50 sous due à l'H.-D. sur une maison à la halle aux Poirées, à l'enseigne de la Faux (1301-1760). — Rente de 25 sous sur une autre maison à la halle aux Poirées, à l'enseigne de l'Épée (1445-1754). — Vente à l'H.-D. par Jean Gouet, contrôleur des rentes, détenu en la conciergerie de Paris, d'une maison rue Saint-Denis, au coin du cul-de-sac Bafour, moyennant 10,000 livres (1718). — Maisons rue des Filles-Dieu, à l'enseigne de l'image Saint-Nicolas, léguées à l'H.-D. par Christine-Chrétienne de Heurles, veuve de Claude Chahu, sieur de Poissy, trésorier général de France (XVIIe siècle). — Maison rue Guérin-Boisseau, à l'enseigne de la Croix-de-Jérusalem léguée à l'H.-D. par la dame Baudoin (XIVe, XVIIIe siècles). — Vente par Garnier de Montroti, potier d'étain, à Nicolas Flamel, écrivain, et à Pernelle, sa femme, de 24 sous 4 deniers de rente à prendre sur ladite maison (11 et 17 mars 1388). — Maison rue de Montmorency donnée à l'H.-D. par les demoiselles Poignant ; — partage, baux, ventes, etc. (1640-1762). — Maisons rue Beaubourg et rue aux Ours, acquises par l'H.-D. des sieurs Mignon (1665). — Maison en deux corps de bâtiment, situés l'un rue Court-au-Villain et l'autre rue Michel-le-Comte, acquise par l'H.-D. du sieur d'Herbigny (1665).

Layettes 55e et 56e, liasses 324 à 332. — 1480-XVIIIe siècle. — 128 parchemins, 140 pièces papier, 19 plans.

Donation par Catherine Foquart à l'H.-D. d'une maison située à Paris, rue Saint-Martin, à l'enseigne de l'Etoile-d'Or (1675). — J. B. Forne, l'un des administrateurs de l'H.-D., cède à cet hôpital une grande maison située rue Neuve-Saint-Merry et 3 petites maisons sises rue du Poirier ; — l'H.-D. donne en contre-échange 4,000 livres de rente (1665) ; — autre maison rue Neuve-Saint-Merry, acquise par échange du sieur Leprince, sous-commissaire de la marine à Dinan (1776). — Valentin Bridart, contrôleur des guerres, lègue à l'H.-D. une maison rue Simon-le-

Franc (1666). — Maison dite *du Pont-aux-Biches*, située rue Neuve-Saint-Martin, léguée à l'H.-D. par la dame Tranchepin (1664). — Donation à l'H.-D. par Charles Tuppin, chapelain ordinaire de la musique du Roi, du dixième d'une maison rue Quincampoix, à l'enseigne des Ciseaux-d'Or (1666) ; — l'H.-D. devient acquéreur de la totalité de la maison (1681). — Maison rue Quincampoix, saisie sur Noël-Nicolas de Pars de Coligny, achetée par l'H.-D. (1741).

Layettes 57e à 59e, liasses 333 à 349. — 1560-XVIIIe siècle. — 149 parchemins, 277 pièces papier, 23 plans.

Vente à l'H.-D. par Pierre Damperanger, sieur d'Aridolle, d'une maison au marais du Temple, rue de Poitou, moyennant 16,000 livres (1665). — Maison rue de la Marche, léguée à l'H.-D. par Michel Renouard, notaire et secrétaire du Roi (1642). — Bail par l'H.-D. à Armand-Louis de Vallières, marquis de la Châtaigneraie, de la dite maison (1715) ; — autre maison même rue, donnée à l'H.-D. par Jacques Chaillou, chirurgien ordinaire du Roi (1667). — Maison rue de Berry donnée à l'H.-D. par Elisabeth Macé de la Roche, veuve de Pierre Bruslard (1679) ; — rente de 150 livres assise sur cette maison et payée par l'H.-D. à l'église de Champeaux-en-Brie. — Donation à l'H.-D. par Antoine Guérapin de Vauréal, comte de Belval, lieutenant du Roi au gouvernement de Champagne, d'une maison rue d'Anjou-au-Marais (1724). — Fondation d'une messe à l'H.-D. en reconnaissance de la fondation de Vauréal. — Donation par la dame Bérault à l'H.-D. d'une maison devant les murs du Temple (1647). — Maison rue Sainte-Avoye, léguée à l'H.-D. par Jacques Letellier, ancien receveur général des boîtes et monnaies de France (1647). — Autre maison même rue, donnée à l'H.-D. par Guy Simon, apothicaire (1689). — Donation à l'H.-D. par Elisabeth Rouillé, veuve d'Henri Lambert, sieur d'Herbigny, marquis de Thibouville, d'une maison appelée l'Hôtel d'Epernon, rue Vieille-du-Temple ; ensaisinement par le sieur Godart, seigneur du franc alleu du Petit-Marais (1704). — Plan de l'Hôtel d'Epernon (XVIIIe siècle). — Donation à l'H.-D. par Eléonore Dugué, femme de Jean de Moucy, d'une maison à Paris, rue Vieille-du-Temple (1671). — Donation à l'H.-D. par Nicolas de Creil, conseiller au Parlement, d'une maison rue Cloche-Perce (1694). — Extrait du testament de Michel Le Masle, prieur et seigneur des Roches, intendant général du cardinal de Richelieu, qui lègue à l'H.-D. tous ses biens meubles, ses acquêts immeubles et le cinquième de ses propres (1658) ; — entr'autres immeubles est une maison rue Cloche-Perce appelée l'Hôtel de Brie. — Quatre maisons situées rues Tiron, Cloche-Perce et du Roi de Sicile, achetées par l'H.-D. de Charles Petit de la Selle, gouverneur de Montargis (1665). — Antoine de Romanesque, bourgeois de Paris, lègue à l'H.-D. une maison rue Pavée-Saint-Antoine (1693). — Payement par l'H.-D. à l'hôpital et monastère de Sainte-Anastase dit de Saint-Gervais, d'une somme de 1,500 livres pour indemnité due à cause de la jouissance et possession en main morte d'une maison rue Saint-Louis, vis-à-vis de la rue Saint-Claude (1666-1683).

Layettes 60e à 62e, liasses 350 à 364. — XIVe-XVIIIe siècles. — 128 parchemins, 301 pièces papier, 3 plans.

Vente à l'H.-D. par Louis de Bassompierre, évêque de Saintes, d'une maison place Royale (1665). — Donation par Henri IV aux sieurs Moisset, Sainctot, Lumagne, Camus et Parfait, d'un terrain en la place anciennement appelée le parc des Tournelles, vis-à-vis l'hôtel du sieur de Vitry, pour y établir des manufactures de soie, or et argent filé, à la façon de Milan (1604). — Bail pour 3 ans par Anne Potier de Tresmes de Blérancourt à la duchesse de Ventadour, princesse de Maubuisson de l'hôtel de Blérancourt, situé place Royale, dont la moitié appartenait à l'H.-D., légataire de Charlotte de Vieux-Pont, femme de Bernard de Blérancourt (1672). — Donation à l'H.-D. par Anne Guichon, d'une maison rue de Thorigny, au coin de la rue du Parc-Royal (1735). — Élargissement de la rue des Morins, située entre la rue de Thorigny et la rue de Sainte-Anastase. — Fief d'Autonne, en franc alleu, situé rue des Rosiers, rue Vieille-du-Temple et rue du Roi-de-Sicile. — Cueilleret des fiefs d'Autonne et de Poissy (XIVe siècle) ; — autre cueilleret du XIVe siècle ; — troisième cueilleret de 1393. — Vente par les exécuteurs testamentaires de Philippe de Moulins, évêque de Noyon, à Germain Paillart, évêque de Luçon, de tout ce qui appartenait audit évêque de Moulins dans le franc alleu d'Autonne et dans un fief situé aux alentours de la rue Thibaud-aux-Dez, appelé le fief de Poissy, moyennant 600 livres (1410) ; — déclaration des cens du franc alleu d'Autonne, déposée au greffe de la ville de Paris (1552). — Vente par Bernard Coquatrix, bourgeois de Paris, à Etienne Porchier, sergent d'armes et maître des garnisons du Roi, du fief d'Autonne désigné maison à maison (1374). — Titres de plusieurs maisons situées dans le fief d'Autonne.

Layettes 63e et 64e, liasses 365 à 391. — 1477-1767. — 125 parchemins, 201 pièces papier, 1 plan.

Maisons situées rue Vieille-du-Temple, en la censive du fief d'Autonne. — Maison au coin de la rue des Rosiers, saisie à la requête de Philippe de Champaigne, peintre et valet de chambre du Roi (1647). — Maison appelée l'hôtel d'Effiat, rue Vieille-du-Temple ; — vente de la dite maison par Armand-Charles, duc de Mazarin, gouverneur d'Alsace, à Françoise Le Camus, veuve de René Leroux, conseiller du Roi, moyennant 107,000 livres (1676). — Bail à cens par Philippe de Moulins, évêque de Noyon, et par Jean Porchier, conseiller du Roi, à Rogier Le Mire, receveur des aides pour la guerre, de deux pieds de terre au long d'une ruelle sans bout, aboutissant en la viez rue du Temple, en laquelle ruelle les diz bailleurs et leurs devanciers disoient avoir acoustumé de tenir leurs plaiz et juridiction (1399). — Cession par René de Voyer de Paulmy, seigneur d'Argenson, ancien ambassadeur à Venise, à Marguerin Besnard d'un corps de maison rue Vieille-du-Temple (1667). — Vente à l'H.-D. par Jeannette Ledru, de deux maisons rue de Jouy (1455). — Donation à l'H.-D. par Charles le Pelletier, maître menuisier, de la moitié par indivis d'une maison à l'angle de la rue de Jouy et de la rue des Nonaindières (1656). — Maison quai des Ormes, possédée par l'H.-D., en vertu du legs Gauldré-Boileau (titres) 1687-1767.

Layettes 65e et 66e, liasses 392 à 404. — 1157-1752. — 224 parchemins, 80 pièces papier.

Fief de la porte Baudoyer donné à l'H.-D. par Louis VII. — Lettres patentes de Louis VII portant donation à l'Hôtel-Dieu de 3 sous 8 deniers de cens sur un fonds de terre situé près de la porte Baudoyer et de tous les droits seigneuriaux existant sur ce fonds : « Tres solidos et octo denarios de censu parisius apud portam Bauderiam sitos et non tantum censum, sed fundum et omne dominium et quicquid juris in censiva illa habebamus... » à charge d'un cens annuel de 3 deniers envers le Roi (1157). — Lettres de Guillaume, archevêque de Sens, et de Maurice, évêque de Paris, délégués par le Pape pour intervenir entre l'Hôtel-Dieu et les officiers du Roi au sujet de cette donation (1173). — Lettres patentes de Philippe II confirmant le don fait à l'H.-D. par Mathilde, femme de Simon de Pissy d'une *clamatoire* à Paris (1189). — Bail à cens par l'H.-D. au monastère des Fossés, d'une maison dite de l'Aigle, dans la censive de l'H.-D. (1222). — Quinze autres chartes du XIIIe siècle relatives aux acquisitions de l'H.-D. dans la censive du fief Baudoyer. — Sentence du Châtelet condamnant Pierre Pichon, notaire au Châtelet, à payer à l'H.-D. les droits féodaux dus pour l'acquisition de 12 livres de rente à prendre sur l'hôtel du Coq, assis à la porte Baudoyer (1503). — Vente par Jean de Roye, tailleur de robes, à Philippe Duboys, prieure de l'H.-D. et aux prieures qui lui succéderont, à cause de l'office du linge, de 60 sous parisis de croît de cens à prendre sur une maison à l'enseigne du Petit-Heaume, près de la porte Baudoyer (1367). — Déclaration de censives, titres nouvels, payement des droits de lods et ventes à l'H.-D. par divers au sujet d'une maison à l'enseigne du Sauvage, rue Saint-Antoine (1614-1690). — Maison à l'enseigne de l'Etoile, rue Saint-Antoine. — Vente par Rabes de Nanteuil à Jeanne la Briande, religieuse de l'H.-D., de 40 sous parisis de croît de cens à prendre sur une maison près de la porte Baudoyer, à l'enseigne de la Tête-Noire (1379); — titres nouvels et déclarations de censive à l'H.-D. au sujet de cette maison (1614-1648). — Maison rue Saint-Antoine, à l'enseigne des Trois-Petits-Mores (plus anciennement du Puits-d'Amour), et de la petite bannière de France (1488-1752). — Maisons situées rue Saint-Antoine et rue Geoffroy-l'Asnier, formant l'ancien hôtel de l'Ours, en la censive de la porte Baudoyer; — déclaration de censive à l'H.-D. par l'abbaye d'Ourscamps (1281). — Maison à l'enseigne de la Belle-Image, rue Saint-Antoine, en face de la rue Geoffroy-l'Asnier (1415-1693). — Autres maisons même rue, à l'enseigne du Dauphin, de l'Image-Notre-Dame, de l'Autruche, du Petit-Ours.

Layettes 67e à 69e, liasses 405 à 416. — 1307-1776. — 186 parchemins, 202 pièces papier, 19 plans.

Maison à l'enseigne de l'Orme, à l'angle de la rue St-Antoine et de la rue Regnault-Lefèvre, acquise par l'H.-D. en 1680. — Titres antérieurs à cette acquisition. — Donation par Antoine Rouard, officier de fourrière de la maison du Roi, d'une maison au cimetière Saint-Jean (1673). — Vente par Guiard « de navibus », de Moret, à la prieure de l'H.-D. d'une rente de 4 livres sur la maison de Robert dit au Dorenlot, située au vieux cimetière Saint-Jean, moyennant 56 livres parisis « bone et fortis monete de tempore pondere et valore beati Ludovici » (1307); — titre nouvel par Philippe de Buisine, professeur du Roi et docteur en droit. — Vente à l'H.-D, par Nicolas Arrode, bourgeois de Paris, de 4 livres parisis de rente sur une maison près de la porte Baudoyer et sur 3 maisons contiguës au vieux cimetière Saint-Jean (1324). — Rente foncière de 40 sous parisis sur une maison au coin des rues de la Verrerie et Audry-Malet (1433-1727). — Donation à l'H.-D. par Pierre Turpin, prêtre bénéficier en l'église Saint-Merry, d'une grande maison rue Pierre-au-Lard, à charge de 2,600 livres de rente viagère (1573). — Donation à l'H.-D. par Charles de Paris, bourgeois de Paris, de la moitié d'une maison, à l'enseigne de l'Arbalète, rue Planche-Mibray (1661); — en 1747, l'H.-D. est propriétaire de la maison entière. — Donation par Catherine Leduc, veuve de François Morier, marchand, à l'H.-D., d'une maison rue de la Vannerie, à l'enseigne du Petit Saint-Jean (1674). — Arrêt du Parlement adjugeant à l'H.-D. moyennant 11,700 livres une maison rue de la Petite-Lanterne, au coin de la rue des Porteurs-d'Eau (1745). — Vente à l'H.-D. par Charles-Denis Guérin, d'une maison rue de la Vieille-Lanterne, à l'angle de la ruelle Saint-Jérôme (1755). — Lettres patentes de Louis XV permettant à l'H.-D. d'acquérir ladite maison qui est contiguë à celle où l'on fait cuire les issues et tripes de bestiaux qui se consomment à l'H.-D. pendant le carême et les autres temps de l'année et qui ne peut plus suffire aux opérations de sa destination (1756). — Maison à l'enseigne du Pavillon-Royal, rue des Arcis, léguée à l'H.-D. par Marguerite Prévost (1430-XVIIIe siècle). — Maison à l'enseigne du Coq et de l'Ecrevisse, rue du Mouton (1567-XVIIIe siècle).

Layettes 73e à 74e [1], liasses 417 à 428. — 1201-XVIIIe siècle. — 167 parchemins, 306 pièces papier, 30 plans.

Donation à l'H.-D. par Etienne Gaillard, prêtre, de deux maisons rue du faubourg Saint-Antoine, l'une à l'enseigne du

1. Les anciens classements passent de la layette 69 à la layette 73 sans qu'il paraisse y avoir de lacune dans la succession des titres.

Miroir-Royal, l'autre à la Couronne, à charge par l'H.-D. d'établir en la ville de Montargis deux maîtresses d'école et une autre maîtresse d'école à Courtenay (1710). — Autre donation par le même prêtre, de 3 maisons rue du Faubourg-Saint-Antoine, à charge d'entretenir un maître et une maîtresse d'école qui instruiront les enfants du faubourg Saint-Antoine (1711). — Testament de Toussaint Loustreuil, ancien concierge du château de Versailles, et de Radegonde Perdreau, sa femme, qui instituent l'H.-D. leur légataire universel. — Maison rue de la Roquette, donnée à l'H.-D. par le sieur Chauvin (XVIIe siècle). — Donation à l'H.-D. par Charles Tuppin, prêtre, chapelain ordinaire de la musique du Roi, d'une maison, ruelle des Récollets (1666). — Donation à l'H.-D. par Oudart-Bougis, carrier, d'un demi-arpent de saussaie en la saussaie de Saint-Marcel, au pré Maunain (1325). — Cession par l'H.-D. à Catherine Langlois, veuve de Jean Gobelin, marchand teinturier, d'une pièce de terre en pré et en oseraie au terroir de Saint-Marcel (1514) ; — titre de 1480 faisant mention des héritiers de Jean Gobelin. — Inventaire des titres concernant les saussaies et oseraies de l'Hôtel-Dieu au faubourg Saint-Marcel (XVIIIe siècle). — Maison et terrain rue de Lourcine, acquis du sieur Letellier (1645-1732). — Rétablissement de la berge de la rivière des Gobelins. — Donation à l'H.-D. par Antoine Millitis, écuyer, valet de chambre du Roi, d'une rente de 16 écus sur deux maisons contiguës, l'une rue des Couppeaulx et l'autre rue Française, autrement dite rue du Battoir (1585-88). — Maison du Fer-à-Cheval, située rue du Puits-de-Fer, au faubourg Saint-Marcel, donnée à l'H.-D. par Anne Nédelet, veuve de Pierre Guichonnet (1620-1717). — Grands-Marais-aux-Porcherons, rue de la Chaussée-d'Antin et rue Saint-Lazare. — Cession par Haois la Chanevacière à ses enfants d'un premier mariage d'une maison place des Porcherons ; ladite Haois veut que tous les biens qu'elle possédera en propre à sa mort, à l'exception de 10 livres parisis, appartiennent à la maison des pauvres de Paris (1201). — Bail pour 9 ans par l'H.-D. à Nicolas Boitel, de l'hôtel des Grands-Marais assis dessous Montmartre, près l'hôtel des Porcherons (1380) ; — bail pour 6 ans par l'H.-D. de la ferme et des terres appelées le Grand-Marais de l'H.-D. (1399-1423). — Mesurage des maisons, terres et marais appartenant à l'H.-D., au-dessous de Montmartre ; il appert de ce mesurage que la ferme dite l'hôtel des Petits-Marais contient 8 arpents, et la ferme dite les Grands-Marais, 7 arpents et demi (1429). — Plans des fermes et marais (1742-52).

Layette 75e, liasses 429 à 431. — 1232-XVIIIe siècle. — 51 parchemins, 179 pièces papier, 39 plans.

Petits marais des Porcherons. — Déclaration faite par Guillaume le Chanevacier, mari d'Haois, des biens qu'il possédait en commun avec sa femme au jour du décès de cette dernière, entr'autres d'une maison en la culture l'Évêque et d'une autre rue Saint-Germain-l'Auxerrois (1232). — Donation par Geoffroy Le Cordonnier et par Marie, sa femme, à l'H.-D. de 8 arpents de terre devant la Grange-Batelière (1261).—Baux passés par l'H.-D. de la ferme des Petits-Marais (XIVe-XVIIIe siècles). — Terrains au faubourg Montmartre, cédés par la ville et par le sieur Larcher, écuyer; — ces terrains se trouvaient en la censive des chanoines et du chapitre de Sainte-Opportune, seigneurs des marais de Paris depuis la porte Sainte-Antoine jusqu'au dessous de Chaillot. — Lettres de Louis VII, de Thibaut et Maurice, évêques de Paris, donnant à l'église de Sainte-Opportune, pour les cultiver, les marais qui entourent Paris du côté nord et qui, bien que dépendant depuis longtemps de ladite église, servaient de pâture commune (1158-1178). — Copies du 17 mars et du 19 mai 1751. — Plan des terrains où fut creusé le nouvel égout de la rue Bergère, de partie de la rue du faubourg Montmartre et des Petits-Marais des Porcherons (XVIIIe siècle).

Layette 76e, liasses 432 à 433. — 1223-1782. — 112 parchemins, 39 pièces papier, 7 plans.

Ferme du Pressoir. — Nicolas, chanoine d'Evreux et de Sens, neveu du Pape Grégoire et son chapelain, donne à l'H.-D. pour le remède de l'âme de Pierre Luce, de qui il est exécuteur testamentaire, 3 arpents de vigne dont moitié vers Saint-Germain-des-Prés, et moitié vers Saint-Marcel (1228). — Donation par Pétronille la Vigneronne à l'H.-D. pour la fondation et l'entretien d'une chapelle, d'un pressoir et de 6 arpents de vigne situés en un clos au-delà de la porte Gibard, en face des vignes du Roi, au coin de l'ormaie, contre le chemin de Vauvert (1265); — neuf autres chartes du XIIIe siècle relatives aux vignes du Pressoir. — Amortissement au profit de l'Hôtel-Dieu par Alix Arrode, bourgeoise de Paris, d'un arpent de vigne contre la maison des Chartreux de Vauvert (1323). — Mémoire où il est exposé que Guillaume Boisratier, archevêque de Bourges, avait une grande affection pour l'Hôtel-Dieu, qu'il le visitait plusieurs fois chaque semaine et que souvent il y disait la messe. Ledit archevêque avait fait l'acquisition d'une maison, d'un pressoir et de 4 arpents de vigne hors Paris, devant la porte Saint-Michel, et il se proposait d'en faire don à l'H.-D. quand il fut obligé de se rendre au Concile de Constance. Pendant son absence l'H.-D. fut mis en possession temporaire des dites maisons et vignes qui n'étant pas entretenues étaient en très-mauvais état (vers 1425). — Vente par l'H.-D. à la reine régente Marie de Médicis, d'une maison et ferme, tenant d'une part à la rue qui conduit du faubourg Saint-Michel aux Chartreux, et d'autre part à un enclos de l'hôtel du Luxembourg; cette vente, faite au prix de 50,000 livres tournois, avait pour but l'agrandissement des jardins du Luxembourg (1613). — Cession en vertu d'un arrêt du Conseil d'Etat par l'Hôtel-Dieu aux Chartreux de Paris, d'environ 7 quartiers de terre dépendant autrefois de la ferme du Pressoir, enfermés dans le nouveau clos donné auxdits religieux par Marie de Médicis, en échange de partie de leur ancien enclos, comprise dans le parc du palais du Luxembourg (1633). — Bail à vie par l'H.-D. à Jean-Baptiste-Louis Chomel, docteur en médecine, médecin ordinaire du Roi, de 2 arpents et demi de terre, près du Mont-Parnasse, le long du nouveau boulevard (1764); — bail d'un terrain voisin à l'abbé Terray (1769). — Autorisation de percer la rue du Mont-Parnasse (1773).

Layette 77e, liasse 436, et layette 81e, liasse 437 (les liasses 434 et 435 ne se retrouvent plus et les layettes 78, 79, 80 n'existaient déjà plus lors du classement de 1826). — 1230-XVIIIe siècle. — 29 parchemins, 72 pièces papier, 2 plans.

Terres situées aux terroirs de Notre-Dame-des-Champs et de Saint-Marcel. — Vente par Alix de Condrael à Roger Comin, bourgeois de Paris, de 2 sous de chef-cens à prendre annuellement sur trois arpents de vigne près des fossés, au-dessus de Sainte-Geneviève (décembre 1230). — Philippe Comin achète des vignes voisines (1250); — amortissement par les marguilliers laïcs de l'église Notre-Dame, au profit de l'H.-D., d'environ 5 quartiers de vigne en une pièce située entre les murs de Paris et le monastère de Notre-Dame-des-Champs (1265); — donation par Jean Salmon, procureur général au Châtelet, à l'H.-D. de diverses pièces de terre au terroir de Notre-Dame-des-Champs (1399). — Plans de terres appartenant à l'H.-D. vers le faubourg Saint-Jacques (XVIIe-XVIIIe siècles). — Etats des maisons qui appartiennent à l'H.-D., noms des locataires, durée des baux, prix des loyers (XVIIIe siècle).

Layette 157e, liasse 864[1]. — 1505-XVIIIe siècle. — 18 parchemins, 47 pièces papier.

Institution des Administrateurs de l'H.-D. de Paris, leur réception, le droit de *committimus* leur est accordé. — Arrêt du Parlement de Paris ôtant au chapitre Notre-Dame l'Administration temporelle de l'H.-D. pour la donner à huit bourgeois, nommés par le prévôt des marchands et les échevins. — Nomination de receveurs et procureurs qui seront tenus de rendre leurs comptes chaque année aux gouverneurs ou bourgeois commis, en présence d'un ou de plusieurs membres du Parlement et de l'un des chanoines de l'église de Paris. Les gouverneurs veilleront à ce que les religieux et les religieuses fassent leur devoir. Les différends qui pourront survenir entre les chanoines de Notre-Dame, administrateurs au spirituel, et les bourgeois, administrateurs au temporel, seront soumis au Parlement de Paris (2 mai 1505). — Lettres patentes de Louis XIV ordonnant que la principale direction et administration de l'H.-Dieu appartiendra à l'avenir à l'archevêque de Paris, aux premiers présidents du Parlement, de la chambre des Comptes et de la Cour des Aides, au procureur général du Parlement, au lieutenant de police et au prévôt des marchands (janvier 1690). — Nominations d'administrateurs de l'H.-D. ; cérémonial de réception (XVIe-XVIIIe siècles). — Arrêt du Conseil d'Etat et lettres patentes de Louis XIV accordant aux administrateurs de l'H.-D. le droit de *committimus* en la Chancellerie près le Parlement de Paris (1703-1704). — Projet de déplacement de l'H.-D., lettres insérées au Mercure de France (1748-49).

1. Les liasses 438 à 863 n'existent plus ; les titres de ces liasses étaient relatifs aux biens ruraux que possédait l'H.-D., ils ont été analysés dans le tome Ier de l'inv. imp., pages 151 à 325 ; nous réimprimerons peut-être quelque jour *in extenso* cette partie de notre inventaire d'autant plus importante aujourd'hui que les documents dont elle contient l'analyse sont à tout jamais perdus.

Layette 157e (*suite*), liasses 865 à 866. — 1271-XVIIIe siècle. — 35 parchemins, 16 pièces papier.

Droit de moyenne et basse-justice de l'H.-D. sur ses familiers et domestiques; sentences et arrêts contre divers malfaiteurs. — Extrait des registres de la barre du chapitre de Paris, constatant la remise à l'Hôtel-Dieu d'individus accusés de délits peu graves; — sentences du chamberier laïque de Notre-Dame de Paris, reconnaissant à l'H.-D. la justice basse jusques à soixante sols parisis et au-dessous; — lettres données par le chapitre de Notre-Dame, au sujet de religieuses de l'H.-D.; il est constaté dans une de ces lettres qu'en 1414 les religieuses de l'H.-D. étaient de l'ordre de St-Augustin (1404-1491). — Sentences du Châtelet et arrêts du Parlement contre des individus convaincus d'avoir volé dans l'H.-D. (XVIIIe siècle). — Anciens réglements de l'H.-D. — Acte du chapitre de Notre-Dame qui confie à deux prêtres demeurant dans l'H.-D. l'administration des sacrements aux habitants de cet hôpital, à l'exclusion des curés de la paroisse Saint-Christophe qui étaient anciennement chargés de cette fonction (1271). — Sentence du prévôt de Paris mettant à la charge des marguilliers de Saint-Christophe l'entretien d'un enfant exposé près des murs de l'H.-D. sur le territoire de leur paroisse (1315). — Lettre de l'évêque de Paris autorisant la fondation d'une confrérie pour secourir les femmes, les enfants, les pauvres honteux et les convalescents sortant de l'H.-D. (1362, copie). — Bulle du Pape Benoît XIII, permettant de consacrer la chapelle principale de l'H.-D. nouvellement construite, et les chapelles ou autels que l'on élèvera dans cet hôpital (1395). — Lettres données par le chapitre de Notre-Dame pour la dédicace de la nouvelle chapelle et du cimetière de l'H.-D. (1394). — Arrêt du Parlement qui enjoint au chapitre de Notre-Dame de nommer à l'H.-D. un autre proviseur que Me Jean Aimery, à cause des plaintes portées contre lui par les religieuses; — cet arrêt contient aussi divers réglements au sujet de la manière de vivre des religieuses, de l'observance régulière, etc. (1497). — Statuts de l'H.-D. de Paris rédigés par Jacques Merlin, pénitencier de l'église de Paris, et Jean Berthoul, chanoine de ladite église, assistés de l'abbé de Saint-Victor, du prieur de Saint-Lazare, de Germain de Merle et de Robert Le Lièvre, bourgeois de Paris, ces statuts réglementent le nombre des religieux et des religieuses, leur réception dans l'H.-D., leur manière de vivre, la prise d'habit, la réception, la nourriture et l'entretien des malades, les soins qui leur sont donnés (1535). — Statuts de l'H.-D. de Paris dressés par le doyen Etienne (en 1217 d'après Félibien) (deux copies du xviie siècle). — Inventaire et analyse d'arrêts du Parlement de Paris, pour la réforme de l'H.-D. (xvie siècle). — Arrêt du Parlement pour la « closture et séparation des religieuses dudit hostel-dieu et religieux » et pour l'introduction dans l'H.-D. de religieux venant des abbayes de Saint-Victor, de Saint-Séverin, de Château-Landon, de Livry, de Saint-Lazare (1535). — Arrêts du Parlement contre les religieux et les religieuses qui ne voulaient pas se soumettre à la réforme et qui causaient des troubles dans l'H.-D. ; mesures prises contre les écoliers qui les soutenaient (1536).

Layettes 157e et 158e, liasses 868 à 870 (manque la liasse 867). — xvie-xviiie siècles. — 18 parchemins, 184 pièces papier, 3 plans.

Arrêt du Parlement de Paris condamnant le chapitre de Notre-Dame à payer à l'H.-D., dans un jour pour tout délai, la somme de 1,600 livres parisis et surséant à la saisie du temporel du chapitre qui avait été ordonnée par un autre arrêt de la même Cour ; — reddition des comptes par le chapitre à l'H.-D. (1517). — Arrêts du Parlement de Paris nommant des délégués pour assister à la reddition des comptes du receveur de l'H.-D. (1574-1601). — Mémoire touchant le receveur de l'H.-D. ; extraits des registres des délibérations du Bureau (xviie-xviiie siècles). — « Estat au vray du bien et revenu de l'H.-D. de Paris et de sa dépense journalière (1640-1663). — Réglements postérieurs à l'institution des administrateurs. — Requêtes présentées au Parlement de Paris par les gouverneurs de l'H.-D. touchant l'opposition que leur fait le maître au spirituel de cet hôpital, soutenu par le chapitre, au sujet de l'office de pannetier, les malversations et les abus de toute nature signalés dans l'administration dudit maître au spirituel ; inventaire des pièces produites en justice à l'appui de ces requêtes par les gouverneurs de l'H.-D. et des pièces produites contre eux par les religieux, les religieuses et le chapitre de Notre-Dame (1533-1534). — Partage des emplois entre les administrateurs de l'H.-D., détail de leurs fonctions (1659-1775). — Réglements pour la salle des accouchées ; instructions pour la sage-femme et ses aides (xviie-xviiie siècles). — Réglements pour les médecins et les chirurgiens de l'H.-D. ; — mémoires et instructions concernant l'exercice de l'anatomie et la construction d'un amphithéâtre.—Réglements concernant la police intérieure de l'H.-D., les domestiques, la réception des malades, la sortie des convalescents (XVIIe-XVIIIe siècles). — Séditions causées dans l'H.-D. par les malades de force (détenus par autorité de justice), envoyés des maisons de l'Hôpital général ; mémoires des administrateurs de l'Hôpital général ; — mémoires des administrateurs de l'Hôtel-Dieu ; — lettres missives du ministre d'Argenson (XVIIIe siècle). — Ordonnance du Roi portant défense à tous officiers ou soldats de chercher à faire des enrôlements dans l'H.-D. ; — ordonnances du Bureau de la ville défendant de prendre des bains ou de pêcher dans le bras de la Seine compris entre le pont de l'H.-D. et le petit pont (XVIIIe siècle).

Layettes 158e (*fin*) et 159e, liasses 871 à 874. — 1524-XVIIIe siècle. — 8 parchemins, 138 pièces papier.

Sentences et procédures contre les tripiers qui voulaient s'établir sur le quai de la Tournelle et contre d'autres tripiers qui s'étaient établis rue de la Bûcherie (1646-1653). — Sentences du Bureau de la ville ordonnant de retirer pendant les basses eaux les bateaux à lessive qui se trouvent près du pont de l'H.-D. (1646). — Ordonnance du Bureau de la ville enjoignant à un blanchisseur de ranger ses bateaux de manière à ce que les provisions de l'H.-D. puissent arriver librement par la rivière (1702). — Mesures contre les vagabonds qui viennent voler le linge de l'H.-D. (1707-1711). — Procès-verbal de visite en suite d'un arrêt du Parlement et rapport sur les causes des atterrissements et des amas de vase qui se forment dans le bras de la Seine passant près de l'H.-D. (1721). — Sentences de police contre les baigneurs, les blanchisseurs, les porteurs d'eau (XVIIIe siècle). — Réceptions de notaires de l'H.-D. qui s'engagent à ne prendre pour coût de leurs actes que leurs déboursés ; — tarifs des actes, mémoires de frais et honoraires (XVIIe-XVIIIe siècles). — Inventaires des meubles et de l'argenterie de l'H.-D. (1529-1539). — Arrêt du Parlement de Paris autorisant les gouverneurs de l'H.-D. à vendre les reliquaires et la vaisselle d'argent appartenant à cet hôpital à cause de « la grande nécessité qui est audict Hostel-Dieu » (1591). — Certificat constatant que la vaisselle d'argent et les reliquaires portés à la monnaie pesaient 120 marcs valant 840 écus (1592). — Pièces d'argenterie léguées à l'H.-D. par l'abbé de La Bournat (1749).

Layette 159e *(fin)*, liasse 875 — 1620. — XVIIIe siècle. — 7 parchemins, 73 pièces papier.

Administration de l'H.-D. — Plaintes des administrateurs contre les religieuses qui passent leur temps en prières au lieu de soigner les pauvres: « les principaulx poincts dont le burreau de « l'Hostel-Dieu a subjet de faire plainte à Messieurs du chapitre « de l'église de Paris, sont du grand désordre qui est dans ledict « Hostel-Dieu depuis quelques années par le nouvel establisse- « ment de communauté, noviciat et trop fréquentes méditations « des religieuses, exortations et conférences en cercle ou autre- « ment, à quoy elles s'occupent la pluspart du temps et a ceste « occasion habandonnent les salles, négligent le service des « pauvres malades qui meurent à tous moments comme des bestes « sans aucune consolation ni assistance, ce qui ne se peut nyer « puisque la preuve en est toute résente par la plaincte des dames « de qualité qui journellement et charitablement fréquentent « ledict hospital et voyent si souvent le mort saisir le vif que cela « leur faict pityé et orreur tout ensemble et ceux et celles qui ont « le pouvoir d'i remédier et ne le font pas en respondront devant « Dieu (1639). » — Mémoire sur l'installation intérieure de l'H.-D. de Paris ; mention de la *Tour* du *Limbe* où étaient jetés les corps des enfants mort-nés apportés de la ville et des environs (1620). — Réglements pour les filles blanches ; établissement d'un noviciat ; observations sur les nouveaux statuts ; — plaintes contre le maître au spirituel, son expulsion (XVIIe siècle). — Plaintes des malades contre l'établissement du noviciat qui détourne les religieuses de leurs devoirs hospitaliers, avis donné à ce sujet aux administrateurs de l'H.-D. (XVIIe siècle). — Réglements et sentences contre les convalescents et contre les religieuses qui les font travailler et les retiennent dans l'H.-D. (XVIIe siècle).

Layette 160e, liasses 876 à 881. — 1507-XVIIIe siècle. — 10 parchemins, 226 pièces papier.

Hôpital des Enfants-Rouges. — Lettres patentes de François Ier concernant la fondation de l'hôpital des Enfants-Rouges pour recevoir les enfants nés de parents étrangers morts à l'H.-D. 1536 (copie). — Lettres patentes du roi Henri II approuvant la fondation faite dans l'hôpital des Enfants-Rouges par Nicolas Houel, apothicaire à Paris, d'une maison de charité où seront instruits un certain nombre d'orphelins auxquels on apprendra l'état d'apothicaire et où seront préparés des médicaments pour les pauvres honteux de Paris. — Le Roi assigne à cette fondation les deniers provenant « de la recherche des comptes des hostelz-dieu, « leproseries, maladreries et confrairies de ce royaume et des « malversations commises par les gouverneurs et administrateurs « d'icelles (1576) ». — Actes par lesquels diverses personnes s'engagent à soigner et à élever comme leurs propres enfants des enfants nés à l'Hôtel-Dieu ; — mémoires à ce sujet ; — désignation des enfants confiés par l'H.-D. aux dames de la Charité des Enfants-Trouvés (XVIIe-XVIIIe siècles). — Malades atteints du mal de Naples et de la teigne. Procès-verbal de la séance d'une assemblée tenue au Palais au sujet du mal de Naples, le danger et la contagion menaçant les religieuses et les autres habitants de l'H.-D., les malades atteints du mal de Naples seront exclus de cet hôpital et soignés dans les deux maisons désignées pour cet objet, savoir : les hommes dans une maison située au faubourg Saint-Germain-des-Prés, et les femmes dans une maison au faubourg Saint-Honoré (1507). — Arrêt du Parlement renouvelant la défense faite aux « mallades de la verolle » d'aller à l'H.-D. et enjoignant aux gouverneurs de l'hôpital Saint-Eustache de les recevoir (1558). — Arrêt du Parlement de Paris fixant à 20 livres tournois par mois la somme qui sera payée par l'Hôtel-Dieu au grand bureau des pauvres chargé de pourvoir au logement et à l'entretien des syphilitiques (1559). — Arrêt du Parlement déchargeant l'Hôtel-Dieu du traitement des vénériens et des teigneux, moyennant une redevance annuelle de 200 livres tournois, payée au grand bureau des pauvres (1614). — Etats des appointements et des gages des médecins, chirurgiens, officiers, domestiques de l'H.-D. et de l'hôpital Saint-Louis (XVIIe-XVIIIe siècles). — Etats de distribution de vivres.

Layettes 161e et 162e, liasses 882 à 885. — XVIIe-XVIIIe siècles. — 10 parchemins, 211 pièces papier.

Réglements pour les médecins et les apothicaires. — Délibérations fixant le nombre des médecins de l'H.-D. et leurs appointements ; — réglement qui les concerne (1789). — Observations présentées par les médecins de l'H.-D. sur le costume dans lequel ils doivent se présenter au bureau de l'administration (1789). — Instruction sur la composition des remèdes de l'apothicairerie (1739) ; — registre signé par les médecins de l'Hôtel-Dieu. —

Hôpital des Incurables. — Lettres patentes du Roi pour l'établissement de l'hôpital des Incurables (1637, imprimées). — Don à l'Hôtel-Dieu par le cardinal de La Rochefoucauld, abbé de Sainte-Geneviève, de : 1° 2,866 livres de rente sur les aides et gabelles; 2° 18,000 livres à prendre sur la ferme générale des aides; 3° 17,000 livres d'argent comptant. Cette donation, à laquelle seront joints les deniers légués par François Joulet de Châtillon dans la même intention, est faite pour aider les gouverneurs de l'H.-D. à construire un hôpital pour les pauvres incurables sur un terrain appartenant à l'H.-D., au faubourg Saint-Germain-des-Prés, près l'hôpital des Petites-Maisons (29 novembre 1634). — Legs du cardinal de La Rochefoucauld au profit de l'hôpital des Incurables (1648). — Cession par l'H.-D. à l'hôpital des Incurables de 30 arpents de terre, moyennant le service d'une rente de 350 livres (1646). — Concession par le Roi à l'hôpital des Incurables d'eaux provenant de la fontaine du parc du Palais du Luxembourg (1643). — Déclaration du Roi étendant à l'hôpital des Incurables les priviléges de l'H.-D.; — maîtrise sans examen et sans frais au premier chirurgien des Incurables après six ans de services; — mémoires, arrêts du Parlement relatifs à la maîtrise du premier chirurgien des Incurables (XVIIe-XVIIIe siècles). — Arrêts du Conseil d'Etat déchargeant l'hôpital des Incurables des droits féodaux qui lui étaient réclamés par le fermier du domaine du Roi (1673-1676). — Arrêts du Conseil d'Etat réglant la distribution des revenus et les fondations de lits pour les Incurables (XVIIe-XVIIIe siècles). — Pièces concernant divers hôpitaux et communautés religieuses. — Institution de l'hôpital de la Trinité, priviléges accordés à cet établissement (in-4°, Paris, 1715). — Lettres patentes données par le Roi, autorisant les sieurs Thévenin, Colet et autres chirurgiens, à fonder au faubourg Saint-Antoine un hôpital pour l'extraction de la pierre (1651, copie). — Lettres patentes pour l'établissement d'un hôpital à Versailles (1720). — Arrêts du Parlement de Paris et du Conseil d'Etat concernant les hôpitaux de la Charité, des Enfants-Trouvés, le grand bureau des pauvres, les Capucins, les Franciscains, les Cordeliers (XVIIe-XVIIIe siècles, copies et imprimés). — Hôpital général; translation à l'H-.D. des prisonniers malades. — Histoire de l'établissement de l'hôpital général, réglements, lettres patentes, arrêts concernant cet hôpital (un vol. petit in-4°, Paris, 1676), (cette pièce est la seule de la liasse en déficit). — Etats des maisons et héritages appartenant à l'hôpital général, lettres patentes du Roi déchargeant ces propriétés de divers droits (1710). — Arrêt du Conseil d'Etat permettant à l'hôpital général de faire entrer en franchise 500 muids de vin outre les 1,000 muids dont l'entrée gratuite lui est accordée par année (1721). — Arrêt du Parlement autorisant l'Hôtel-Dieu à ne pas recevoir les malades de force envoyés de l'hôpital général (28 août 1767). — Mémoires des administrateurs de l'H.-Dieu et de ceux de l'Hôpital général touchant le procès pendant entre les deux administrations au sujet des détenus malades ; — mémoire du lieutenant général de police au sujet des criminels qui se cachent dans l'H.-D. ; — état des malades envoyés à l'H.-D. des différentes maisons de l'Hôpital général (XVIIe-XVIIIe siècles).

Layette 234e, liasse 1636 [1], un carton.

Collection des dons et legs faits à l'H.-D. seul ou en communauté avec l'Hôpital général et l'Hôpital des Incurables. — Legs Arnauld de Pomponne. — Brevet de conseiller d'Etat accordé par Louis XIV à Arnauld, seigneur de Pomponne (1661). — Donation à Simon Arnauld par Antoine Arnauld son frère, de diverses sommes et de tous ses droits en la terre et seigneurie de Pomponne, à charge de rentes viagères. — Lettres de l'abbé Arnauld à sa belle-sœur (1660-1695). — Baux par les religieuses de la Madeleine à l'abbé Arnauld de Pomponne d'une maison appelée l'hôtel Schomberg, rue des Fontaines (1692-98). — Inventaire des livres, des meubles et de l'argenterie appartenant à l'abbé Arnauld. — Deux lettres de Simon Arnauld à l'abbé Arnauld, renseignements sur la Cour (1670). — Comptes des recettes et des dépenses de la maison de l'abbé Arnauld, revenus de ses bénéfices (1665-1698). — Fondation d'écoles de filles dans les paroisses de Chouzé-sur-Loire et de Juvardeil par Antoine Arnauld, abbé de Saint-Pierre-de-Chaulme. — Testament d'Antoine Arnauld qui institue l'H.-D. son légataire universel. — Délivrance de ce legs par Simon Arnauld, marquis de Pomponne, ministre d'Etat, frère du testateur (1694-1699). — Etablissement d'un hôpital à Chaume en Brie, nomination de trois administrateurs et d'un receveur pour cet hôpital (1719-23).

1. Les layettes 163 à 233, renfermant les liasses 886 à 1035, ont été détruites par l'incendie.

Liasses 1039 et 1040 (Les liasses 1037 et 1038 en déficit). — Legs Ballesdens. — Testament et codicilles de Jean Ballesdens, conseiller, aumônier ordinaire du Roi, l'un des membres de l'Académie française, qui institue l'H.-D. son légataire universel. On trouve dans ces actes les dispositions suivantes : « Sy ledit « sieur testateur est enterré en l'église de l'abbaye de Sainte-Gene- « viève, il donne et lègue à ladite abbaye trois manuscripts enlu- « minez, reliez en velours, en langue françoise, et au révérend « père du Moulins une coupe antique ou sont des caractères « ovales avec un caillou ou sont des lettres hebraïques. Item ledit « sieur testateur suplie Sa Majesté d'agréer pour le cabinet de ses « livres un manuscript grec d'Œlian, enluminé, qui traite de la « guerre, et un autre livre qui fut presenté au roy François Ier, « lors de son entrée en la ville de Milan, qui contient les portraits « enluminez de toutes les dames illustres de ce temps-là. Item « ledit testateur donne et lègue à l'abbaye de Saint-Victor son « Canon de messe de Saint-Grégoire, avec les concordances des « quatre évangélistes, tous deux enluminez gottiquement, ce qui « marque aussy bien que leur escriture une antiquité vénérable, « lesquelles deux pièces ledit sieur testateur a toujours estimé les « plus rares et les plus curieuses de son cabinet et mesme du « royaume, ce qui l'a obligé de les remettre dans une des plus « fameuses bibliotèques du monde et qui est ouverte à la curiosité « des habiles gens. Item ledit sieur Ballesdens suplie monsei- « gneur le Dauphin de voulloir accepter deux portraictz en « émaille, lun de François Ier qui est en quarré et l'autre de Jeanne « d'Albret, mère d'Henri IV qui est en rond. Item ledit sieur « donne et lègue à Monsieur de Mezeray son ancien et fidel amy « une bague d'or où est représenté dans une cornaline le portrait « du roi Henri IVe et sa canne où sont les armes et les alliances « de la maison de France. Item donne et lègue à Monsieur « l'abbé Cottin une bague antique qui représente Platon. Item « donne et lègue à Monsieur Quinault une bague où sont deux « testes de relief d'agathe. Item donne et lègue à Monsieur de « Benserade une bague où est le portrait de feu Monsieur le « chancelier. Item donne et lègue à Monsieur Charpentier, de « l'Académie, une bague où il y a deux yeux d'agathe, etc. » 1672-1675. — Inventaire des meubles, effets, bijoux, livres, manuscrits, tableaux, objets d'art et de curiosité appartenant à feu Jean Ballesdens (1675). — Lettres autographes de Jean Ballesdens, procès-verbal de la vente de ses livres et manuscrits. — Billet de M. de Coislin à Ballesdens : « Monsieur je suis en « toutes les poinnes du monde; j'ay perdu vein et ceinq louits « d'or contre le Roy aubliges moy de me les faire trouver. De « Coislin. »

Liasses 1042 et 1047. — Les liasses intermédiaires sont en déficit. — Legs de Baugy. — Testament de Martin de Baugy, écuyer, qui institue l'H.-D. son légataire universel. Partages, quittances, procédures concernant Barbe de Bragelongne, veuve de Jean de Beaugy, fils de Martin. — Arrêt du Parlement ordonnant délivrance à l'H.-D. du legs universel de Martin de Baugy (1651). — Procédure pour l'Hôtel-Dieu contre Claude, duc de Saint-Simon (XVIIe siècle). — Legs de Berthier. — Inventaire des papiers, titres et effets mobiliers appartenant à Jean-Philippe de Berthier, abbé de Saint-Vincent de Senlis (XVIIe siècle). — Mémoire des rentes et revenus de l'abbaye Saint-Vincent de Senlis. Testament de Philippe de Berthier qui institue l'H.-D. son légataire universel. — Fondation par Philippe de Berthier de trois lits aux Incurables, de quatre à l'hôpital de la Charité de Paris et de deux lits à la Charité de Senlis (1668-69).

Liasses 1050 et 1052. — Legs universel Blanconne. — Testament d'Exupère Blanconne, secrétaire de la chambre du Roi, qui institue l'H.-D. son légataire universel (1675). — Compte de tutelle rendu par le sieur Blanconne comme exécuteur testamentaire de François de la Rivière, contrôleur de la maison de la Reine mère. — Legs Boivin. — Compte rendu de l'exécution du testament de Dame le Sellier, veuve de François Boivin, contrôleur du grenier à sel de Paris. — Etats de la dépense faite par Nicolas Boivin pour Henri-Louis de Gondrin, coadjuteur de l'archevêque de Sens; dans les comptes de 1648 et 1649 indications relatives à la Fronde. — Lettres patentes de Louis XIV pour l'union de l'abbaye de Saint-Remy de Sens à l'archevêché de Sens en faveur d'Henri-Louis de Gondrin, « lequel mérite « singulièrement d'estre favorisé et gratiffié pour les grandes qua- « litez de naissance et de vertu qui sont en luy et pour l'affection « et fidélité qu'il tesmoigne au service de Sa Majesté et de son « Estat; » lettres de cachet du Roi pour le même sujet au pape, au cardinal d'Este et au bailli de Vallançay, ambassadeur de France à Rome (1651). — Testament de Nicolas Boivin, secrétaire de l'archevêque de Sens; lettres missives qui lui sont adressées par l'archevêque de Sens et par diverses autres personnes. Registres de la recette des aides de Meaux, dont Boivin était sous-fermier (XVIIe siècle).

Liasses 1057 et 1062. — Legs universel de Mme de Bort. — Transaction entre l'H.-D. d'une part et Marie Bonney, veuve du sieur de Bort, intendant des affaires de M. de Montausier. — Compte des recettes et des dépenses faites par le sieur de Bort pour M. et Mme de Montausier. — Lettres missives de M. de Montausier, de Julie d'Angennes, sa femme, du marquis de Laurière et d'autres (XVIIe siècle). — Testament de Marie Bonney, veuve d'Antoine de Bort, qui institue l'Hôtel-Dieu son légataire universel; — transaction au sujet de ce legs entre l'H.-D. et le duc de Montausier (1665-1678). — Mémoires, notes, quittances, pièces justificatives des comptes-rendus par le sieur de Bort comme agent des affaires du duc de Montausier. — Legs de Callières. — Testament de François de Callières, premier secrétaire du cabinet du Roi, qui institue l'H.-D. son légataire universel; — inventaire après décès de sa galerie de tableaux (1717). Compte rendu de l'exécution du testament de M. de Callières, par Eusèbe Renaudot, de l'Académie française (1717). Privilége accordé à M. de Callières, pour l'impression d'un livre intitulé : Traité de la manière de négocier avec les souverains (1715-1717). Provisions de l'office de secrétaire du cabinet du Roi accordées au sieur de Callières en récompense du zèle et de la fidélité qu'il a montrés dans la conduite des négociations du traité de Ryswick.

Liasse 1065. — Legs universel de Mme Chahu. — Contrat de mariage de Claude Chahu, trésorier-général de France à Paris, et de Christine de Heurles (1638). — Mémoires de travaux faits dans l'église du village de Passy, dont Claude Chahu était seigneur. — Quittances concernant le droit de 100 sous touché par le roi pour chaque marc d'or frappé en la monnaie du moulin établi aux galeries du Louvre (1643-1644). — Titres de la famille de Heurles. — Inventaire fait après le décès de Claude Chahu à la requête de Christine de Heurles, sa veuve, en présence d'Ambroise de Bournonville, duc et pair de France, légataire universel du défunt (1670). — Copie des lettres d'anoblissement données par Philippe de Valois à son valet de chambre Jean Chahu et à ses descendants (1345). Lettres adressées à Mme Chahu par le duc et par la duchesse de Noailles. — Procès de François Nepveu, dit Roullepot, carrier à Passy, condamné pour jurement et blasphèmes à faire amende honorable devant la porte des Minimes de Nigeon, à être fustigé de verges à quatre carrefours du village de Passy et à servir le Roi en ses galères le reste de sa vie (XVIIe siècle). — Testament de Mme Chahu qui institue l'H.-D. son légataire universel (1676). — Vente par l'H.-D à Arnaud de la Briffe, président au grand conseil, de la terre et seigneurie de Passy et du fief de Saint-Paul avec toutes leurs dépendances, moyennant 60,000 livres (1684).

Liasses 1068, 1069 et 1072. — Journal historique tenu par Ithier-François Chatelain, docteur en théologie, chanoine de l'église de Paris, principal du collége de Fortet (1638-1660). — Procès-verbal d'apposition et de levée des scellés après le décès de M. Chastelain. — Inventaire de ses biens; — son testament (1659-1660). — Testament de Mme de Cocandé; inventaire de ses biens; arrêt du Parlement faisant délivrance à l'H.-D. du legs Cocandé (1724-1728). — Legs universel Joulet de Châtillon. — Jean Dormoy, chirurgien ordinaire du Roy et opérateur de M. le prince, s'engage à défrayer de toutes dépenses la maison de François Joulet, sieur de Châtillon, aumônier ordinaire du Roi, moyennant une somme annuelle de 6,000 livres (1626-27). — Arrêt du Conseil privé rétablissant Antoine, Jean, Pierre et Laurent Joulet de Châtillon en tous les droits et prérogatives de noblesse perdus par leur père qui avait dérogé en exerçant le commerce à Mantes; mandement conforme du Roi Henri III.

Liasses 1092 et 1108. — Legs universel de Fiennes. — Testament d'Elisabeth le Noble, veuve du sieur de Marnay, qui laisse tous ses biens aux enfants de Madeleine d'Huguenat, sa fille (1687). — Contrat de mariage de François, comte de La Rochefoucauld, prince de Marcillac, et de Charlotte de Roye. — Inventaire après décès concernant diverses personnes de la famille de la comtesse de Fiennes (XVIIIe siècle). — Lettres missives adressées à M. de Marnay par Diane de France (duchesse de Castro) et par le cardinal de Joyeuse. — Lettres de Catherine, sœur d'Henri IV, et de Louis XIII conférant des charges et des pensions au sieur de Marnay (1586-1638). — Généalogie succincte de la maison de Fiennes par André Duchesne, tourangeau, géographe du Roi (XVIIe siècle). — Legs de Guise. — Testament et codicilles de Marie de Lorraine, duchesse de Guise et de Joyeuse, qui lègue 53,000 livres à l'Hôtel-Dieu de Paris. — Inventaire des meubles, vêtements, bijoux, tableaux (1686-1688). — Accord entre les administrateurs de l'H.-D. d'une part, et d'autre part le prince, la princesse et la duchesse de Hanovre, au sujet du payement des legs faits aux domestiques de la duchesse (1689). — Procédures pour l'H.-D. contre les Jésuites de la rue Saint-Antoine et d'autres au sujet de la succession de Guise (1689-90). — Vente moyennant 13,000 livres par les héritiers de la duchesse de Guise au duc de Noailles et au comte d'Ayen d'une grande maison appelée l'hôtel de Guise, située à Fontainebleau, rue des Sablons (1698).

Liasses 1122 et 1154. — Legs Lavisey. — Inventaire fait après le décès de Guillaume Lavisey, contrôleur général des fortifications de Champagne. Brie et pays Messin (1621). Contrôle de la dépense faite pour les fortifications de Metz, de Rocroy, des villes des Trois Evêchés, de la province de Champagne (1613-1625). — Comptes, marchés, lettres missives concernant la construction et les réparations des citadelles de Metz, Verdun, Mézières, Rocroy (1609-1660). — Legs universel de Noailles. — Constitutions de rentes, constitutions de pensions viagères, comptes des revenus et de la dépense de l'archevêché de Paris, travaux à l'archevêché, au château de Conflans, à tous les bâtiments, églises, fermes, maisons dépendant de l'archevêché de Paris; — plans et devis de travaux exécutés dans l'église Notre-Dame de Paris; — notes, lettres missives concernant la succession de Louis-Antoine, cardinal de Noailles, archevêque de Paris (1695-1730). — Testament de Louis-Antoine de Noailles, qui institue pour ses légataires universels, l'Hôtel-Dieu pour un tiers, l'Hôpital général pour un autre tiers, les Enfants trouvés et le Petit séminaire de Saint-Louis, pour le troisième tiers; — inventaire des biens et effets; — comptes de l'exécution du testament (1729-1754). — Comptes, quittances, notes, mémoires concernant la succession de Louis-Gaston de Noailles, évêque de Châlons, abbé d'Hautvilliers, dont le cardinal de Noailles était le légataire universel. — Plans d'ensemble et de détail du palais épiscopal de Châlons. — Plans du monastère d'Hautvilliers et des nouveaux bâtiments à y ajouter (XVIIIe siècle).

Liasses 1177 et 1218. — Legs universel de Sillery. — Lettres du grand maître de l'ordre de Saint-Jean-de-Jérusalem autorisant le commandeur de Sillery, chevalier dudit ordre, premier écuyer de la reine-mère Marie de Médicis, à disposer de ses biens, meubles et immeubles (1614). — Décharge donnée aux administrateurs de l'H.-D., par Vincent Depaul, supérieur de la congrégation des prêtres de la Mission, au sujet des papiers concernant la succession du commandeur de Sillery (1641). — Donations par Noel Brulart de Sillery, prêtre, commandeur du Temple de Troyes, à la congrégation de la mission de Saint-Lazare. — Quittance par Vincent Depaul d'une somme payée pour acquisition de meubles (1638-1640). — Vente par le commandeur de Sillery au marquis de Sourdis, de l'hôtel de Sillery, rue Saint-Honoré, vers la rue Saint-Thomas-du-Louvre (1640). — Testament du commandeur Brulart de Sillery, qui institue l'H.-D. son légataire universel (1640). — Etats du revenu de la commanderie de Troyes (XVIIIe siècle). — Legs Picot, commun entre l'H.-D. et l'hôpital des Incurables. — Terrier, procès-verbaux de visites, baux concernant les bénéfices accordés à Eustache Picot, chanoine de la Sainte-Chapelle et grand-maître de la chapelle du Roi. — Brevet du Roi accordant aux sieurs Picot et Maresse la permission d'établir un marché et une boucherie sur la place Dauphine. — Lettres patentes du Roi en faveur des bénéficiers musiciens de sa chapelle, noms des musiciens du Roi. — Testament d'Eustache Picot, inventaire des meubles et effets (1650-1653).

Liasses 1231 à 1234 et 1246. — Legs de l'abbé de Lyonne. — Inventaire des biens de Jules-Paul de Lyonne, prieur commandataire de Saint-Martin-des-Champs. — Comptes de la gestion des biens de l'abbé de Lyonne et pièces justificatives. — Comptes des revenus des abbayes de Chaalis et de Marmoutiers (XVIIIe siècle). — Legs du marquis de Lyonne, commun entre l'H.-D. et l'hôpital général. — Testaments de Louis de Claveson, de Pierre de Claveson, d'Elisabet de Bauffremont, de Charles de Claveson, de Pierre de Claveson, de Renée du Pelloux (1521-1655). — Vente du régiment d'Aunis, moyennant 55,000 livres, par Armand, vicomte de Polignac, à Charles Hugues de Lyonne, comte de Lyonne (1704). — Inventaire fait après le décès d'Hugues de Lyonne, ministre et secrétaire d'État. — Inventaire après le décès de Louis de Lyonne, marquis de Berny (1671-1708). — Legs universel de la marquise de Lyonne commun entre l'H.-D. et l'hôpital général. — Contrat de mariage de Charles de Lyonne, marquis de Claveson, colonel du régiment d'Aunis, et de « virtueuse vierge ». Marie Sophie Jager (1709). — Brevet du Roi attribuant au petit-fils du marquis de Lyonne, ancien ministre, les 550,000 livres payées par le marquis de Souvré pour la charge de maître de la garde-robe (1689). — Vente du château, terre et seigneurie d'Hostun par Charles Hugues de Lyonne, à Camille duc d'Hostun, comte de Tallard, maréchal de France (1713). — Testament de Marie-Sophie Jager, marquise de Lyonne; inventaire après décès, compte d'exécution testamentaire, etc. (1754-1767). — Legs de la Marquisière commun entre l'H.-D. et l'hôpital général. — Constitution de rentes, obligations, procédures concernant Jean Bordel, écuyer, sieur de la Marquisière (XVIIe siècle). — Testament du sieur de la Marquisière, transaction entre l'H.-D., l'hôpital général et les héritiers du défunt (XVIIe-XVIIIe siècles). — Bulles et provisions de la cour de Rome conférant l'archevêché de Paris à Charles-Gaspard-Guillaume de Vintimille, des comtes de Marseille et du Luc (1729). — Bail des revenus temporels de l'archevêché de Paris, moyennant 162,000 livres de fermage annuel. — Comptes et mémoires de travaux concernant l'abbaye de Saint-Denis de Reims. — Inventaire des biens de M. de Vintimille, son testament (1746). — Lettres patentes de Louis XIV qui érigent la terre et seigneurie de Saint-Cloud en duché-pairie, en faveur de Mgr de Harlay, archevêque de Paris, et de ses successeurs (avril 1674).

Liasses 1412 à 1433. — Registres des fondations chargées d'études, de mariages et d'apprentissages; fondations Forget, Passart, Duraynier, Laisné, Métezeau, Simon; listes chronologiques des individus qui ont été appelés à jouir du bénéfice de ces fondations (1703-1789, deux volumes). — Testaments de malades de l'H.-D., signés par les testateurs et les témoins choisis parmi les prêtres de l'hôpital (1644-1768, 4 registres). — Registre des legs particuliers faits à l'H.-D avec l'indication des exécutions testamentaires et des affaires contentieuses survenues à propos de ces legs (1664-1788). — Recueil manuscrit des priviléges accordés par les Rois de France à l'Hôtel-Dieu de Paris. — Etats des convois et enterrements des malades décédés à l'H.-D., états des sommes perçues. — Registre indiquant la sortie et la rentrée des pièces tirées du trésor des chartes de l'H.-D., pour être produites en justice. — Etat des procès soutenus par l'H.-D. contre divers particuliers. — Registres du maître de l'H.-D. de Paris contenant : « Les choses les plus remarquables qui se passent en l'hostel dieu de Paris et regardent loffice de maistre dudit hostel dieu », liste des maîtres et des sœurs de l'H.-D., réception de sœurs, de novices, de prêtres des agonisants; — ordonnances de l'archevêque de Paris touchant le spirituel de l'H.-D.; — apprentie sage-femme chassée de l'H.-D. pour avoir dissimulé qu'elle faisait profession de la religion prétendue réformée; — arrivée du Dauphin à Notre-Dame pour y faire sa station (il monte aux tours et s'arrête devant l'H.-D., où la communauté lui est présentée 1743); — prise de possession de l'archevêché de Paris par messire Jacques-Bonne-Gigault de Bellefont, qui meurt de la petite vérole 14 jours après; — incendie de l'H.-D. 1772, salut et service pour ceux qui ont péri dans l'incendie; — mort du Roi 1774, « le 12 may le corps du Roy fut transporté à Saint-Denis vers minuit dans l'appareil le plus simple, il n'y avait que trois carosses et un détachement de gardes du corps. » — Registre des abjurations de l'H.-D. indiquant le nom et la profession des malades « qui ont abjuré l'hérésie de Calvin » et les noms des témoins qui signaient le procès-verbal de l'abjuration (1698-1713). — Etat des rentes viagères dues par l'H.-D. par suite de legs à lui faits par divers particuliers. — *Livre de vie active*, manuscrit composé vers la fin du XVe siècle par Jehan Henry, conseiller du Roi et proviseur de l'H.-D. renfermant sur le régime intérieur de l'H.-D. à cette époque des détails intéressants, mais dont la lecture est rendue pénible par un style des plus amphigouriques. — Le petit cartulaire et les deux grands cartulaires de l'H.-D., manuscrits du XIIIe siècle. — Livre censier de l'Hôtel-Dieu, manuscrit du XIVe siècle 1308, contenant l'indication de tous les cens et revenus de l'H.-D. — Inventaire des titres relatifs aux biens ruraux que possédait l'H.-D. en l'année 1600 (4 gros volumes in-4° parchemin). — Cet inventaire, très-complet, et rédigé avec beaucoup de soin, peut, dans une certaine mesure tenir lieu des titres relatifs aux biens possédés hors Paris par l'H.-Dieu. J'ai parlé plus haut, après l'analyse de la liasse 437, de cette lacune considérable faite par l'incendie dans nos collections, lacune qui s'étend de la liasse 438 à la liasse 864. — Inventaire des titres et revenus de l'H.-D. à Paris, rédigé en l'année 1600 (trois gros volumes in-4° parchemin). — Inventaire des titres de l'H.-D. (5 volumes gr. in-folio, rédigés vers 1650). — Inventaire général des titres de l'Hôtel-Dieu, rédigé en 1722, onze volumes grand in-folio.

N° 1438. Sous le n° 1438 du classement de 1823, sont compris les 162 volumes manuscrits qui composent la collection des délibérations du Bureau de l'Hôtel-Dieu. — Cette collection, d'un prix inestimable pour l'histoire de l'Hôtel-Dieu, a été tout entière sauvée de l'incendie. Toutefois, quelques lacunes existaient déjà au moment du classement de 1823, il manquait déjà alors les délibérations du Bureau pour les années 1548 à 1563, 1579 à 1582, 1588 et 1589, enfin les années 1592 et 1593, ce sont donc vingt et une années qui manquent sur un ensemble de 260 années qu'embrasse la collection entière. Les 29 premiers registres comprennent presque tous plusieurs années, ce n'est qu'à partir de l'année 1662 et du registre 30e de la collection qu'il existe un registre pour chaque année. — Le 1er volume commence à l'année 1531 et le 162e et dernier s'arrête à l'année 1791.

Années 1531 à 1601. — Dix volumes. — Empêchements mis par messieurs du chapitre de Rodez aux pardons de l'H.-D. en Auvergne. — Contrat entre les membres du Bureau et le greffier, pour la rédaction d'un inventaire des titres de l'H.-D. 1544. — Cejourd'hui 25 octobre 1559, lesdits Croquet, Le Macon et Marcel ont esté deleguez par la compoignye pour remontrer à messieurs du chapitre de Paris, gouverneurs du spirituel dudict hostel dieu, les grandes plainctes et clameurs que font les habitans de ceste ville qui dient avoir veu le mauvais traictement que font les relligieuses dudict hostel dieu aux pauvres malades y affluans tellement que a raison de ce plusieurs mallades ne veullent aller audit hostel dieu. — Défense aux religieuses de vendre ou de donner leurs portions de viande. — Ordonnance portant qu'il ne sera point loué dans les maisons appartenant à l'H.-D. aux personnes qui sont de la nouvelle religion (1561). — Règlement pour l'administration de l'H.-D. (24 octobre 1573). — Fermeture de la porte du petit pont pour obvier aux larrecins et autres malversations qui se commettent par ladicte porte ; abus commis par les portiers relativement au dénombrement des malades, ce soin est confié aux chapelains (1575). — Règlement de la salle des accouchées. — Célébration de la fête de saint Jean-Baptiste, patron de l'Hôtel-Dieu (1578). — Dégâts commis par les lansquenets à l'Hôtel-Dieu du faubourg Saint-Jacques (1590). — Religieuses du couvent des cordelières Saint-Marcel nourries à l'H.-D. pendant le siége de Paris. — Mesdames de Montpensier, de Guise, de Mayenne et le chevalier d'Aumale envoient chercher du blé à l'H.-D (1590). — « Cedict jour (20 août 1590), attendu l'extresme necessité de bled qui est audict hostel dieu, a esté enjoinct a maistre Pierre Petit de ne vendre aucun son, ains de le faire remouldre pour iceluy convertir en pain pour la nourriture des relligieux, serviteurs dudict hostel dieu. » — « Cejourd'hui (12 janvier 1600) a esté ordonné que maistre Pierre Bezart parachevera l'inventaire des titres comme il a commencé et suivant le cahier qu'il a apporté au Bureau. »

1602-1649. — Dix volumes. — Délibérations et ordonnances concernant les travaux neufs faits à l'H.-D. par Claude Vellefaux (1602). — « Cedit jour 13 février 1606 a esté deffendu au chirurgien de tenir audict hostel dieu aulcuns mallades de verolle ne permettre que ses garçons en pensent aulcuns, ains les faire mectre dehors. » — « Cedit jour 7 mars 1607 a esté faict marché avec Claude Vellefaulx pour voulter la moictié de la salle du légat. » — Nicolas de Cambray, maître sculpteur, est chargé de faire trois statues pour la chapelle de l'hôpital Saint-Louis (1609). — « Cedit jour 29 février 1612 sur ce que frere Robert a donné a entendre a la compaignie quil estoit necessaire de donner ordre doresenavant que lictz des mallades dedans lesquelz se trouveront quaucuns diceulx fussent tirans a la fin et prest a mourir les autres mallades en fussent tirez et mis aillieurs pour éviter a laprehention quilz en pourroient avoir que au mauvais goustz et puanteurs quilz peuvent jecter en mourant, sur quoi la compaignie a ordonné que lorsque lon verra un mallade a lextreme onction et prest a mourir, les autres pauvres gisantz avec luy seront ostez et mis a part jusques a ce que il ait rendu lame a Dieu, et pour ce faire seront laissez deux lictz vuides a chaque office pour sen servir. » — Réglement de la salle des accouchées (1614). — « Cejourd'huy (11 août 1617) a esté donné charge a Claude Vellefaux de faire desmolir promptement la salle de Saint-Denis et autres lieux qui sont soubz ladite salle pour estre rebasties de nœuf. » — 20 mars 1618, la salle neuve et la salle de l'infirmerie menaçant ruine sont évacuées, les malades sont en partie transportés à l'hôpital Saint-Louis; reconstruction des salles neuve et de l'infirmerie (1619). — Réglement général d'administration intérieure (1621). — Réglement des malades imprimé et affiché dans la salle de l'H.-Dieu (1625). — Marché avec Gilles le Redde pour la charpente de la salle de Bretagne et du nouveau pont (1627). — Réglement du service des chirurgiens (1629). — Adjudication à Christophe Gamart des travaux de la terrasse de l'Hôtel-Dieu (1632). — « Cedit jour 18 novembre 1633 a esté ordonné quil sera baillé requeste a la grande chambre pour faire oster le moulin qui est attaché a lune des arches du pont de nouveau construit par ledit Hostel-Dieu attendu l'incommodité que cella apporte à la navigation et les accidens qui sont arrivez depuis peu. » — Ouverture de la salle neuve donnant sur le pont de l'Hôtel-Dieu (22 octobre 1636). — « Cedit jour 3 septembre 1638 sur les plainctes faictes a la compaignie par plusieurs bourgeois et principallement par les voysins du quartier de Nostre-Dame des accidens qui arrivent journellement en ce que les mallades qui se présentent journellement pour entrer audict Hostel-Dieu estans visitez et se trouvans mallades de contagion sont renvoyez pour se retirer aux hospitaulx de Saint-Louys et de Saint-Marcel mais ilz se trouvent tellement atenuez que ny pouvans aler ilz demeurent et meurent par les chemins de plain jour au grand scandalle des voysins et de ceulx qui vont et viennent en lesglise de Nostre-Dame pour a quoy remedier la compagnie a advisé que les deux prevostz de la santé seront advertis de retrancher deux archers du nombre qui leur a esté baillé au lieu desquelz le maistre emballeur se pourvoira de deux hommes qui demeureront assidus pendant le jour proche ledict Hostel-Dieu affin que a linstant quun mallade de peste sera visité et renvoye ilz le conduisent et portent ausdictz hospitaulx dans une chaire quilz auront a cet effect » (3 septembre 1638). — Jacques Coignet, avocat au Parlement, est chargé de l'inventaire des titres de l'H.-Dieu au traitement de vingt écus par mois (1641). — « Cedit jour (1er septembre 1645) a esté ordonné a maistre Christophe Gamard de dresser les plans et desseins pour faire et construire une salle pour les mallades en la rue de la Bucherie. » — « Cedit jour a esté ordonné que sur lincommodité que ceulx que lon taille font aux aultres taillez par les cris quils font lon fera faire une chambre pour mettre ceulx que lon taillera en lieu le plus commode. » — Disette de blé à l'H.-D. (fév. 1649) : « il sera remonstré au Parlement et a la ville la nécessité qui est audict Hostel-Dieu a ce quilz ayent a trouver quelque moyen pour leur faire trouver du blé sinon que messieurs les gouverneurs seront contraincts de faire mettre lesdictz pauvres en des bateaulx pour chercher au loing leur nourriture plustost que de les veoir perir de faim a leurs yeulx. »

1649-1658, 5 volumes. — « Cedit jour (15 décembre 1651) monsieur Cramoisy a esté prié de veoir monsieur le doyen de la Faculté de médecine afin denvoyer audit Hostel-Dieu trois ou quattre médecins pour visiter les mallades qui y sont de present vu l'indisposition des médecins ordinaires dudit Hostel-Dieu. » — « Cedict jour (8 août 1653) a esté mandé la mere prieure a laquelle la compagnie a fait entendre que puisque dans ledit Hostel-Dieu il y avoit plusieurs licts vuydes sa volonté estoit que lon mist les mallades plus au large en sorte quil ny en eust plus deux ou trois dans ung mesme lict. » — « Sur ce qui a esté proposé par monsieur Cramoisy quil seroit a propos davoir ung cachet pour cachepter les lettres qui sescrivent par la compagnie a diverses personnes et en divers lieux ladite compagnie a resolu que lon en feroit faire ung sur lequel sera gravé limage de Saint-Jean-Baptiste qui est le patron de la maison et alentour sera escrit : « le grant Hostel-Dieu de Paris. » — « La compagnie a arresté (23 avril 1655) quil sera choisy un lieu dans l'Hostel-Dieu séparé des autres pour y recevoir les malades de la religion pretendue reformée affin que lesdictz mallades estans visitez par ceux qui font profession de ladite religion pretendue reformée il narrive pas d'inconvénient ny de scandale pour les autres malades ny pour ceux qui seroient dans l'Hostel-Dieu. » — Confection d'une boîte « pour serrer les pierres de ceux qui ont esté taillés. » — « Cedit jour (1er mars 1656) la compagnie a arresté quelle ira en corps au Louvre samedy prochain unze heures du matin suplier tres humblement la Royne duser de son authorité comme elle a fait les années passées pour empescher quon tienne boucherie dans les maisons des princes, seigneurs et ambassadeurs pendant ce caresme attendu le préiudice que les pauvres soufriroient estant a leurs despens que la boucherie se tiendra cette année et a esté arresté que lon presentera a la Royne un memoire des maisons ou ces boucheries defendues ont accoustumé destre tenues. » — MM. de la Haye, Perrichon, Perreau, Le Vieux et de Gomont se rendent au Palais-Royal auprès de la Reine d'Angleterre pour la supplier, « afin deviter les abus qui pourroient se commettre denvoyer son pourvoyeur aux boucheries de l'H.-Dieu. — Il a esté observé a la mere prieure pourquoi lon soufre a l'Hostel-Dieu que des malades expirent dans des lictz ou il y en a deux ou trois autres couchez » (1656). — Les neuf garçons chirurgiens se plaignent au Bureau de n'avoir à leur disposition que trois lits et une couchette (1657). — Procès-verbaux de l'examen des compagnons chirurgiens (2, 3, 7 mars 1657). Conversion d'un protestant malade; MM. de Galiviere, à titre d'*ancien de Charenton,* et Tavernier, à titre de cousin, prient les membres du Bureau de leur remettre ce jeune homme. — « Monsieur Lefebvre a dit qu'il savoit de bonne part que les religieuses sadonnent maintenant a la meditation, aux longues oraisons, a reciter certains ofices tous les jours mesme pratiquent la retraite des dix jours comme dans les monastères et emploient a cela la meilleure partie du temps quelles doibvent aux mallades » (1657). — Achat d'une maison rue Galande pour la construction du portail de Saint-Julien-le-Pauvre (8 juin 1657). — « Cedit jour (16 janvier 1658) sur ce que M. Perrichon sest plaint de ce que, apres que les femmes ont accouché au chaufoir on les fait retourner a pieds dans leurs licts ce qui peut les incomoder notablement la compagnie a arresté quil sera faict une chaire a bras dans laquelle lesdites femmes apres estre acouchées seront portées dans leurs lits par les servantes de lofice. » — Réglement général du service des accouchements (20 mars 1658). — Malade de l'H.-Dieu interrogée sans le consentement du Bureau par un commissaire au Châtelet, excuses adressées à la compagnie par le lieutenant criminel et le commissaire, reprimande au sieur Capon qui avait introduit le commissaire à l'H.-D. (15 juin 1658). — Nomination de gouverneurs résidents aux Incurables et à l'H.-Dieu.

1659-1662, 5 volumes (l'année 1659 formant deux volumes). — Réglement de l'hôpital général, « articles accordez entre messieurs les administrateurs de l'Hostel-Dieu de Paris dune part et messieurs les directeurs de lhospital général dautre en la conference tenue au Palais en la presence de mon seigneur le premier president le 23e jour de janvier 1659. » — Conflit d'intérêts entre l'H.-D. et l'hôpital général au sujet des biens confisqués du sieur de Villards, tué en duel (6 avril 1659). — Rapport du sieur Blondel, doyen de la Faculté de médecine, sur les procédés d'opération de la taille, employés par les chirurgiens de l'H.-Dieu (4 mai 1659). — Décision du Bureau portant que le sieur Oulry, receveur général de l'H.-D., serait remplacé par un receveur « bourgeois charitable et sans gages, comme il se pratiquoit depuis dix ans. » — Infanticide commis dans la salle du Légat, information dirigée par le bailli de la barre du chapitre (8 août 1659). — Femme grosse reçue à l'H.-D. dans la salle basse « attendu le grand nombre de femmes grosses qui sont en la sale des acouchées qui y sont couchées quatre dans un lit » (18 février 1660). — Réglement général du service des accouchées (10 septembre 1660), « et dautant que par cy devant les femmes nouvelement accouchées quelque petite fièvre que ce feust qui les prist apres leurs acouchements estoient aussitost portées a la sale basse dont lair malsain les metoit en danger notoire de leur vie, veu quil en rechapoit peu, il a esté arresté que d'ores en avant aucune femme acouchée ne sera portée hors de ladite sale des accouchées quelque indisposition quelle ait, sans ordre par ecrit du médecin (article 19) » ; — « la mere prieure sera priée de continuer a mettre en ladicte salle des religieuses qui aient l'esprit doux et facile afin de gaigner les femmes plus tost par douceur que par autorité » (article 24). — Tableau de roulement des médecins de l'H.-D. pendant l'année 1661, suivi d'une conférence entre les membres du Bureau et les médecins relative à l'heure et à la durée des visites; le sieur Capon, médecin, fait observer « qu'il a esté grandement traversé par le changement que les religieuses font souvent des malades dun lieu en un autre lequel changement dailleurs est fort préjudiciable a la guerison des malades, ce que M. le Conte administrateur a confirmé et de lavoir reconeu lorsquil faisoit sa demeure dans l'Hostel-Dieu et que cela avoit causé la mort a plusieurs miliers de personnes » (11 février 1661). — Observations du premier président sur l'insalubrité de la salle basse (18 février 1661). — Membres du Bureau députés vers M. de Séne, membre du Conseil royal des finances, et vers le Roi alors à Fontainebleau, pour leur représenter « la necessité de l'Hostel-Dieu tant par la grande surcharge de pauvres malades qui y abordent journelement et incessamment de toutes parts et avec un tel exces principalement depuis six mois quil y en avoit presentement plus de 2,400 en sorte que quoique tout le nouveau bastiment en feust rempli mesme jusque dans le grenier et sur les montées quils ne laissoient pas dy estre *couchez cinq dans un mesme lit* et quapres 200,000 livres qui ont esté mangez par chacun an depuis cinq ou six ans en ça du fonds de l'Hostel-Dieu il estoit impossible que le Bureau peust plus fournir aux depenses immenses quoique necessaires a y faire, les aumosnes et les charitez y estans entierement cessées » (26 octobre 1661). — Donation à l'H.-D. par le duc de Mazarin, d'une somme de 30,000 liv. pour la construction de l'hôpital des convalessants de Saint-Julien-le-Pauvre (7 juin 1662).

Années 1663 à 1667, 5 registres. — Femmes mortes en couches à l'H.-D. « Ceux qui ont fait ouverture du corps ont trouvé auxdites femmes la matrice tellement gangrenée et infecte quon na pu decouvrir au vrai si cela provient de la faute et ignorance de la sage-femme ou de *quelque mauvaize constellation*, ce dernier pouvant bien estre veu quil sest faict grand nombre de mauvaizes couches dans la ville (6 avril 1663). » — « On a dit (3 août 1662) quon se plaint de ce que les frères hospitaliers de la Charité recoivent les aumosnes du public sans en rendre compte a personne, que l'Hostel-Dieu comme principal hospital y a interest en ce quon dit quilz envoient des sommes considérables en Italie ou ils font bastir des hospitaux et font tourner au soulagement des estrangers ce qui devroit estre emploié pour les pauvres de ce roiaume, sur quoi il a esté dit quil y a plus de 20 ans quon a donné arrest qui ordonne quils auront des administrateurs. » — « Ledit sieur Leconte a remonstré au Bureau que le Roi pour lembellissement de sa maison de Versailles a fait faire de grandes avenues fort longues et fort larges avec de grands fossez aux deux costez qui traversans les terres labourables non seulement ruinent les terres de la ferme de lhospital des Incurables a Clagny par ce qu'elles en coupent mais encore par la dificulté quelles apportent a labourer ce qui en reste a cause desditz fossez et que dailleurs le Roi a fait revestir un estang de murs doubles et glaizez au milieu, au moien duquel les prez de ladicte ferme qui en faisoient le meilleur revenu sont a present couvers deau et inutiles a la ferme, ce qui cause une perte notable audict hospital auquel ceste ferme rendoit 2,400 livres par an, sur quoi lafaire mize en deliberation la compagnie a arresté quil en sera fait remontrance au Roi au plus tost et monsieur de Gomont a demandé les pieces pour emporter a monsieur de Colbert » (15 février 1664). — « La compagnie a arresté de chercher les moiens doster aux religieuses le gouvernement de lofice de la Pouillerie veu le profit considérable qui en reviendroit a l'Hostel-Dieu » (27 fév.). — Nouvelles plaintes contre les hôpitaux protestants. — « M. L'hoste a dit (29 juillet) quun medecin de Danemark ayant composé en ceste ville un livre de lanatomie avec grand nombre de figures, pour rendre son ouvrage parfait il luy est besoin de faire lanatomie de la teste de lhomme 3 ou 4 fois ce quil prie le Bureau de lui permettre faire dans lostel dieu, la compagnie a arestè que ledit medecin se pourvoira vers messieurs du spirituel de l'H.-D. pour faire agreer la proposition en ce qui les concerne. » — Défense au sieur Petit, maître chirurgien de l'H.-D., de prendre chez lui des luthériens comme pensionnaires et élèves en chirurgie (29 janv. 1666). — Hôpitaux protestants fermés par autorité de justice, les lits sont enlevés et apportés à l'H.-D. (12 fév.). — « M. Perreau a dit que de lordre de Sa Majesté ayant esté etabli une Academie de medecine et de chirurgie pour le bien du public et ceux qui composent cette Academie aians souvent occazion dexaminer sur le corps humain les dificultez quils rencontrent dans leurs conferences, M. Colbert en aïant eu avis a donné charge a M. Coleani de venir à l'H.-D. prier le Bureau de permettre a ces MM. de l'Academie dy faire ouverture de quelques corps quand ils en auront besoin, sur quoi la compagnie a accordé ladite permission » (18 mars 1667).— « On a dit au Bureau que le sieur Fagon qui estoit medecin ordinaire de l'H.-D. surnuméraire a traité dune charge de medecin ordinaire du comun de la Royne » (6 juillet).

Années 1668 à 1672, 5 registres. — « Monsieur Pereau a dit questant alé voir M. de la Reinie il lui a dit quil y a nouvele de la peste estant a Soissons et autres lieux des environs de Paris, quil est a craindre quelle se communique a Paris, que les hôpitaux de la Santé sont disposez par le dedans pour y recevoir les malades mais que les dehors en sont fort incomodes, qui sont les chemins pour y aborder quon en a desja parlé a M. de Colbert qui en a un memoire » (13 avril). — « Monsieur Legendre a dit que le nommé Berault dit avoir un secret et lexperience pour la taille des personnes affligées de la pierre, tant par le grand que par le petit appareil, aiant apris de celui qui demeure a Toulouze qui est en grande reputation. » — « La compagnie a signé le contrat par lequel elle a transporté aux doiens, chanoines et chapitre de Saint-Germain-de-l'Auxerrois 36 a 38 toises de terre a prendre dans la portion que l'H.-D. a dans le parterre du cimetiere des SS. Innocents » (10 janvier 1670). — Délibération du Bureau portant qu'il y aura assemblée des médecins pour décider si le sieur Collo doit opérer les femmes malades de la pierre au-dessus ou au-dessous de la vessie (1671). — « La mere prieure est venue dire au Bureau que leglise de l'H.-D. est incomode au public pour labord et la sortie qui sont trop estroits, ce qui fait que les coupeurs de bourse y volent plus facilement » (9 mars 1672).

Années 1673 à 1677, 5 registres. — Cérémonie de la prestation du serment en la grand'chambre du Parlement des sieurs Choart, Baussan et Accart, nommés gouverneurs de l'H.-D. (1673). — « Le sieur Pereau a fait plainte au Bureau des chapelains de lhostel dieu qui faizant les testaments des malades d'icelui leur persuadent demploier ce quils ont de bien a faire dire des annuels dans l'H.-D. et de fixer la retribution grande afin den profiter indirectement, en sorte que lhospital nen retire plus de profit comme autrefois de quoi mesme les religieuses se plaignent » (1673). — Propositions faites par les députés de l'hospice des Enfants-Trouvés qui consentent à se charger des enfants de l'Hôtel-Dieu à des conditions que le Bureau trouve trop onéreuses et qu'il repousse « parcequil se trouveroit frustré de ce qui lui est le plus cher cest a dire du soin et de la peine a laquelle la charité et le devoir l'oblige envers ces petites creatures » (1673). — Hospice de convalescents : « la compagnie sest determinée a prendre pour cet effet un grand clos situé au faubourg de Saint-Germain entre les rues des Vieilles-Tuileries, du Regard et de Vaugirard, » les architectes Leduc, Bruant et Gestart sont désignés pour préparer le plan et devis du nouvel hospice (août 1674). — Observations sur l'éloignement du grand clos appartenant à l'H.-D. que l'on avait destiné à la construction de l'hospice des convalescents, « il a esté dit que le prieuré de Saint-Julien y estoit plus propre et mesmes y avoit esté destiné dez le commencement, on a dit aussi que M. Berthelot qui a donné 60,000 livres et promis quarante autres mil livres pour cet hospice a temoigné navoir point d'atache pour le lieu » (janv. 1675). — Autorisation donnée par le curé de Versailles de placer dans l'église dudit lieu un tronc pour les pauvres de l'H.-D. « en consequence de ce que les malades dudit lieu, particulierement les ouvriers qui travaillent aux bastiments de la maison du Roy, sont aportez audit hostel dieu » (1676). — Le sieur Berthelot, contrôleur général des poudres et salpêtres, se plaint au Bureau des lenteurs qu'on apporte à la construction de l'hospice des convalescents (1676). — « M. Pereau a dit que deux personnes vinrent le trouver a l'H.-D. de la part du Roi et lui firent veoir une lettre du cachet de Sa Majesté qui mande au Bureau de faire remettre au sieur Duchesne lun de ses medecins ordinaires et medecin major de ses armes et de lhostel roial des Invalides telz des blessez estans à l'H.-Dieu quil dezirera pour estre par ses soins transferez en lune des chambres dudit hostel et sur iceux fait épreuve dun remede que le sieur Rubel pretend avoir beaucoup plus de vertu pour la guerizon des plaies que ceux dont on sest servi jusqua present, la compagnie a arresté dobeir aux ordres de Sa Majesté » (17 novembre 1677).

Années 1678 à 1682, 5 registres. — « Consultation de pluzieurs docteurs fameux, de grande piété et doctrine portant que les chapelains des malades de lhostel dieu ne peuvent sapliquer sufizament a lestude de la theologie pour prendre les degrez sans un preiudice notable aux pauvres dudit hostel dieu » (1678). — Observations du premier président sur l'usage de remplacer tous les ans les médecins de l'H.-Dieu (1678). — « Monsieur Pereau a representé le mandement de monseigneur larchevesque de Paris portant permission a l'H.-D. de faire des questes dans les maizons atendu la grande necessité ou lhostel dieu se trouve reduit par le nombre excessif des malades » (1680). — « M. Pereau a dit quavant hier un malade estant a lagonie en la sale de Saint-Cosme a esté enlevé par deux personnes inconues quon croit estre chirurgiens externes de l'H.-D. sur les sept heures du soir et le porterent sur le pont, a dessein comme on croit de le descendre sur la glace de la riviere par le moien de la corde du puits qui est sur le pont et lemporter ailleurs pour en faire une anatomie, mais le laisserent proche dudit puits ou il fut veu et trouvé encore en vie et vescut encore 4 heures » (1681). — Réglement de la salle des taillés (1681). — « Il a esté dit au Bureau que quelques personnes ont devotion de faire construire une chapelle dans le cimetiere de lhostel dieu a la croix Clamart et pour cet effet en demandent la permission au Bureau, ce que la compagnie a acordé » (1681). — « La compagnie a aresté quon travaillera incessamment pour ajouter au trezor des titres de l'H.-D. la chambre qui est au-dessus dudit trezor » (1682). — Répartition entre plusieurs membres du Bureau des clefs des 134 troncs placés dans les diverses églises de Paris pour les besoins de l'H.-Dieu (1682, décembre).

Années 1683 à 1687, 5 registres. — « On a dit au Bureau que messieurs les Directeurs de lhospital général refuzent les pauvres de l'H.-D. qui ne sont point de la qualité pour y demeurer comme paralytiques et autres, sur quoi la compagnie a aresté de les envoier a lordinaire et si on les refuse de les laisser sur le pavé » (1683). — « Ledit seigneur prezident a dit que les legs considérables quon a fait a l'H.-D. depuis deux ans donnent lieu de penser a soulager les malades en bastissant quelques sales pour les coucher plus comodement, et aiant veu les plans qui ont esté donez ci devant pour ce sujet on a trouvé quon ne peut rien faire de plus comode et avec plus de facilité que de continuer les sales de la rue de la Bucherie jusqu'au Petit-Pont, mais parce que cela ne se peut faire sans incommodité a moins que dabatre le petit Chastelet, il a esté aresté de chercher les moiens den obtenir le don du Roi » (1683). — Malade de « grosse vérolle » envoyée au grand Bureau, l'H.-Dieu ne pouvant pas la retenir sans danger des autres malades (1684). — « La compagnie a aresté que lon fera faire des tableaux pour les mettre dans la chapelle de la maison de l'H.-D. en la rue Guillaume occupée par M. Talon, avocat général. » — Bénédiction de la chapelle du cimetiere de Clamart (1685). — « La compagnie a pris jour pour vendre la vaiselle d'argent qui est au trezor des titres dudit Hôtel-Dieu et quil sera mis des affiches dans Paris » (1686). — Le Bureau soutient contre deux notaires du Châtelet, le privilége qu'ont les chapelains de l'H.-D. de recevoir les testaments des malades de cet hôpital (1687).

Années 1688 à 1692, 5 registres. — « M. le premier Président a fait recit de ce qui sest passé dans la révérence faite a Sa Majesté par MM. deputés du Bureau, du bon accueil que Sa Majesté leur a fait, quelle a loué le choix que Mlle de Guise avoit faict du Bureau pour lexecution de son testament, etant remply de personnes fort eclairées et dune probité singuliere et connue » (1668). — « Un particulier a dit avoir volonté de fonder un lit en lhospital des Incurables et donner pour cela 6,000 liv., ce a quoy la compagnie a repondu quil a esté aresté de ne recevoir point de ces fondations à moins de 8,000 livres » (1688). — « Monseigneur le premier prezident a dit que suivant la volonté du Roy il faut changer le jour du Bureau du vendredy au samedy 10 h. du matin en lhostel de monseigneur larchevesque de Paris » (1690). — « La compagnie a aresté que le greffier du Bureau aura la garde des Archives de l'H.-D. et elle luy a accordé mil livres par an de gages » (1690). — Enregistrement des lettres patentes autorisant l'H.-D. à vendre pour 1,200,000 livres de biens fonds pour payer ses dettes (1690). — Vente des orgues de l'H.-D. — Gratifications accordées aux opérateurs de la taille à l'H.-D. qui, sur 104 opérations, n'avaient eu que dix-huit décès.

Années 1693 à 1697, 5 registres. — Délibération du Bureau portant que les places vacantes d'internes seront données au concours et non plus dans l'ordre d'ancienneté des externes (1693); — l'argenterie de la Sacristie est portée à la Monnaie « pour subvenir aux dépenses et besoins de la maison ». — A partir de l'année 1694 et sauf quelques rares lacunes jusqu'à l'année 1791, les registres des délibérations indiquent le nombre des malades de l'H.-D. au 1er janvier, des entrées pendant l'année, des naissances, des décès et des sorties. — Autopsie faite par les chirurgiens du Châtelet, assistés d'un commissaire, d'un malade décédé à l'H.-D. de mort violente, délibération du Bureau portant que « monseigneur le premier president sera supplié de mander ledit commissaire pour luy faire la reprimande quil merite, veu mesme quil est coupable pour avoir soufer contre lordre de la religion que lesdits chirurgiens aient emporté les entrailles du corps en question » (1696).

Années 1698 à 1702, 5 registres. — Vols de cadavres dans le

cimetière de Clamart. — Le frère Jacques est autorisé à tailler à l'H.-D. dix malades atteints de la pierre (1698). — Adjoint donné au sieur Petit, maître chirurgien de l'H.-D., à qui l'on conserve son traitement « en considérations de ses cinquante années de bons services » (1699). — « Monseigneur le premier président ayant proposé le sieur de Tournefort, docteur en médecine de la Faculté de cette ville et professeur en botanique au jardin royal des Plantes, dont le mérite et l'habileté sont si connus, pour estre médecin à l'H.-D. la compagnie l'a agréé et receu pour remplir la seconde place de medecin ordinaire qui viendra a vaquer » (1702). — « La compagnie a aresté de faire venir dans l'H.-D. un exemt et quatre archers les apres disnees des dimanches et festes pour ecarter les vagabons qui se meslent dans la grande affluence du peuple qui se trouve ces jour-là » (1702).

Années 1703 à 1707, 5 registres. — « La compagnie a arresté que la salle des taillez sera ouverte pendant six semaines à chacune des deux tailles de lannee, cest a dire depuis le premier may jusqu'au 15 juin et depuis le 1er septembre jusqu'au 15 octobre, et que si pendant le reste de lannee il survient quelques malades si pressez quon ne puisse les remettre à la taille prochaine, ils seront taillez dans la salle des opérations » (1704). — Délibération portant qu'il sera tenu un registre de prêt des titres appartenant aux Archives communiqués aux membres du Bureau. — Réglement du service des autopsies faites à l'H.-D. sous la direction du maître chirurgien (1706, 31 décembre). — « Monsieur Soufflot a dit quil a esté fait au faubourg Saint-Germain une rebellion assez considerable contre lexempt et les archers preposez pour veiller aux fraudes de la boucherie de l'H.-D. pendant le present caresme » (1707).

Années 1708 à 1712, 5 registres. — « La compagnie a arresté de faire choix dune personne capable pour faire un nouvel inventaire de tous les titres qui sont dans les Archives de l'H.-D. » (1708). — « Monsieur dEtrechy a dit que si l'augmentation des malades venus a lhostel dieu depuis quelques jours continue, il y en aura trois mil ou environ dans dimanche prochain. » — Ouverture de l'hôpital Saint-Louis pour y recevoir les scorbutiques. — Réglement de service de l'hôpital Saint-Louis (1709). — « Monseigneur le cardinal de Noailles a mis entre les mains du greffier du Bureau de la part du Roy une somme de mil livres pour mil billets de la loterie de l'Hostel-Dieu » (1710). — « A la recommandation de son Altesse Royale Madame, la compagnie a permis a Auguste Hugo medecin de madame la duchesse d'Hannover de voir pratiquer les accouchements à l'H.-D » (1712).

Années 1713 à 1717, 5 registres. — Procès-verbal de la visite du cimetière de Clamart faite par le lieutenant-général de police Voyer d'Argenson (1713). — « Monsieur d'Estrechy a dit quil est de notoriété publique que beaucoup de pauvres honteux de cette ville et des fauxbourgs prevenus et effrayez du nombre des malades quon met a lhostel dieu dans un meme lit aiment mieux se laisser mourir et périr de misére et de langueur dans les greniers souvent sans assistance spirituelle ny temporelle que de se faire porter a lhostel dieu et quil ny a dautre remede que celuy dagrandir lhostel dieu en faisant un nouveau bastiment dans lemplacement qui est entre le bras de la rivière de Seyne et la rue de la Bucherie depuis et joignant la salle Saint-Charles jusqu'au petit Chastelet, la compagnie a arresté de faire ce bastiment et que M. de lEspine architecte des bastiments du Roi sera chargé den faire lever le plan et de dresser les devis des ouvrages » (1714, janvier). — « Il a esté fait rapport que le jour dhier 12 du present mois de juin la premiere pierre posee du nouveau bastiment pour laugmentation des salles de lhostel dieu a esté benite par son Éminence monseigneur le cardinal de Noailles » (1714). — Quête à domicile pour la construction du nouveau bâtiment de l'H.-D. (1715). — « La compagnie aiant été informée que Mgr le premier president et Mgr le procureur general ont obtenu de son Altesse Royale monseigneur le duc d'Orléans, Régent, un neuvieme par augmentation des sommes quon recoit presentement et quon recevra a lavenir pour lentree aux operas comedies et autres spectacles publics qui se jouent a Paris pour contribuer au batiment des nouvelles salles de lhostel dieu et a la subcistance des pauvres malades et a la condition den rendre une somme convenable au sieur De Lamare commissaire au Châtelet pour recompense de ses longs services, pour le dedommager des avances quil a faite pour la composition et impression de son traité de la Police et pour le mettre en état d'achever un ouvrage sy utile au public dont il reste a imprimer au moins trois volumes ... » (1716). — « Sur ce qui a esté dit par M. dEstrechy que parmy les tableaux de la succession de feu M. de Callieres il sen est trouvé quatre representans des nudités et des postures indecentes capables de blesser la pudeur et la modestie chretienne sils estoient exposés en vente, la compagnie a aresté quils seront jettés au feu en presence de messieurs Soufflot et dEstrechy » (1717).

Années 1718 à 1722, 5 registres. — Droit sur les spectacles. — Observations du premier président. — « Monseigneur le procureur general a dit que la demolition du petit Chatelet a eté jugée necessaire pour lutilité et lagrandissement de lhostel dieu et quil sagit de se determiner sur le choix dun lieu propre pour bâtir une autre prison » (1719). — « Monsieur Henaut a dit que monseigneur le Cardinal lavoit mandé pour luy faire scavoir quil avoit presenté a monseigneur le Regent le memoire quil luy avoit donné avec ses confreres pour arreter le dessein que lon avoit d'etablir la monnoye dans la maison de lhospital Saint-Louis » (1719).— « On a apporté au Bureau un arrest du conseil dEstat du 14 aoust dernier et les lettres patentes données sur iceluy contenant le don fait par le Roy aux pauvres de lhostel dieu de lemplacement du petit chatelet et de la demolition qui en doit provenir avec la permission de faire construire sur ledit emplacement les batiments qui conviendront pour le bien des pauvres sans estre obligez de faire batir dautres prisons a condition neantmoings de rembourser au greffier de la geolle des prisons du petit chatelet le prix de son office » (1721). — « Copistes employés par le greffier du Bureau a mettre au net linventaire général des titres de l'H.-D. » (1722).

Années 1723 à 1727, 5 registres. — Renvoi du fossoyeur de Clamart qui faisait commerce de cadavres (1725). — Querelle entre deux chirurgiens externes nommés Loustenot et Mac-Mahon « le sujet de la querelle est venu de ce que Mac-Mahon qui est Irlandois a voulu prendre la deffense dun malade de sa nation que Loustenot insultoit » (1725). — Plainte de M. Duportault que des officiers et soldats du régiment des gardes françaises viennent journellement dans l'H.-D. pour y faire des recrues parmi les convalescents (1726).

Années 1728 à 1737, 10 registres. — « Le sieur Moreau maître chirurgien a Paris a representé que par ordre de la Cour il a eté en Angleterre a loccasion d'une nouvelle methode pour l'extraction de la pierre, et il a prié le Bureau de lui permettre doperer sur des corps morts a l'H.-D., ce que la commission lui a accordé » (1729). — « La compagnie a reconnu que M. le duc de Noailles exécuteur testamentaire de feu monseigneur le cardinal de Noailles, archeveque de Paris, son oncle, a fait delivrer a l'H.-D. le lit garni dans lequel couchoit son Eminence avec une paire de draps, le tout du a l'H.-D. par la succession de S. E. suivant un ancien statut du chapitre de l'Eglise de Paris de l'an 1168, mais pour condescendre au désir de monsieur le duc de Noailles, elle a cedé à M. le duc ledit lit garni en échange d'une somme de 1,000 livres » (1729). — Contestation du Bureau avec le sieur Leclerc qui avait obtenu des lettres de privilége pour la suite de l'impression du traité de la police (1731). — Projet de construction d'un bâtiment destiné à recevoir les Archives de l'H.-D. « On pourra dans ce terrain, situé rue Saint-Pierre-aux-Bœufs joignant immédiatement le Bureau elever un batiment solide et de pierres, composé de differens etages tous voutés dont les plus elevés serviront a renfermer les Archives et les autres des magasins pour y renfermer plusieurs provisions » (1733). — Mémoire sur le personnel médical de l'H.-D. — « Il a esté arreté quon choisira un receveur charitable de preference a un receveur à gages pour remplacer monsieur Angot a la fin de son exercice » (1737). — Incendie a lhôtel dieu dans la nuit du 1er au 2 août (1737). — Service célébré à l'H.-D. pour les victimes de l'incendie; quêtes faites pour réparer les pertes causées.

Années 1738 à 1747, 10 registres. — Culture de plantes médicinales pour le service de l'apothicairerie de l'H.-D. dans le jardin de l'hôpital Saint-Louis (1738). — En conséquence de l'arrêt du parlement qui fait défenses aux maîtres-boulangers de débiter aucun petit pain mollet « la compagnie a arrêté que François Royon, maistre boulanger, cessera de fournir du petit pain au lait aux griefs malades de l'H.-D. jusqu'à nouvel ordre » (1740). — Dispositions prises avec violence par des inconnus pour disposer les salles de l'hôpital de Sainte-Anne et de l'hôpital de Saint-Cloud à recevoir des approvisionnements de blé; il a été arrêté « que la Compagnie représentera le danger qu'il y avoit pour l'interest public de mettre des bleds dans les salles de Saint-Louis, principalement dans un temps où la cherté des vivres et l'excès de la misère pouvoient faire craindre des maladies populaires, qu'au surplus le Bureau a lieu d'être surpris de n'avoir été prévenu par personne sur l'expédition militaire de ceux qui ont démoli le dortoir des religieuses de Sainte-Anne, sans avoir voulu montrer aucun ordre » (1740). — Le cimetière de Clamart étant sous l'eau, les morts de l'H.-D. sont enterrés dans le cimetière de l'hôpital Saint-Louis (1740). — Produit du droit sur les spectacles pour l'année 1741, 45,171 livres. — « M. de Saint-Jullien, sacristain de l'H.-D. a dit au Bureau qu'il a acheplé une couronne d'argent du poids de trois marcs pour la vierge du Petit-Pont. »

Années 1748 à 1757, 10 registres. — Dépôt aux Archives, en vertu de la déclaration du Roi du 9 avril 1736, des registres de baptêmes et de décès tenus par les prêtres de l'église de l'H.-D. (1748). — Lettre du comte d'Argenson transmettant au Bureau l'ordre du Roi de disposer l'hôpital Saint-Louis pour recevoir tous les mendiants valides qu'on arrêterait à Paris et qu'on y enfermerait provisoirement (1749). — Refus des comédiens français et italiens de payer le droit sur les spectacles (1750). — Par délibération du 8 juillet dernier (1750), il a été arrêté qu'il serait construit une nouvelle salle dans l'hôpital des Incurables du côté des femmes malades, qui formerait la quatrième et dernière branche de la Croix. — Le Bureau ayant appris que le jour de Pâques on avait fait venir dans l'église des Incurables des musiciens qui « avoient exécuté en musique des partyes de l'office divin, il a été arrêté qu'à l'avenir les offices continueront d'être cellebrées avec simplicité comme cy devant » (1752). — Instruction pour l'Inspecteur des salles (1752). — Règlement pour les malades « de force » placés dans la salle Sainte-Martine ; sédition dans ladite salle Sainte-Martine, « le chirurgien major aiant désigné 31 femmes qui devoient sortir de ladite salle, on fit venir de la Salpétrière deux carrioles pour les emmener, les soldats de l'hôpital qui escortoient lesdites carrioles monterent suivant lusage dans la salle Sainte-Martine pour prendre celles que devoient sortir, ces soldats trouverent toutes les femmes de la salle armees de batons et de pierres, qui s'opposerent a leur entrée et les menacerent de les assommer et tous ceux qui se presenteroient, ce qui obligea les soldats de l'hôpital de se retirer » (1754). — Sédition dans la salle Saint-Landry, « la cinquième qui arrive depuis deux mois dans cette salle et dans celle Sainte-Martine » (1754).

Années 1758 à 1767, 10 registres. — Remise du droit revenant à l'H.-D. pour la représentation de Rodogune donnée par la Comédie-Française au profit d'un petit-neveu de Corneille (1760). — Rétablissement du poteau et du carcan de l'hôpital des Incurables (1763). — Il a été arrêté que les règlements et délibérations du Bureau contenant les défenses absolues à la maîtresse sage femme, aux apprentisses et autres personnes de la maison de se placer dans aucun endroit que ce soit de l'H.-D., « ny dappeler les passants pour estre pareins et mareines des enfants nouveaux nés audit Hôtel-Dieu » seront exécutés en tout leur contenu (1764).

Années 1768 à 1777, 10 registres. — Ouverture du grenier Saint-Antoine, au-dessus de la salle Saint-Landry pour y placer les scorbutiques (1768). — Correspondance avec M. de Sartine qui avait demandé aux administrateurs de l'H.-D. de livrer au public une partie des provisions en blé de cet hôpital (1768). — Il a été arrêté que toutes les personnes mariées qui sont emploiées dans les différents offices de l'H.-D., à l'exception des quatre aprentisses sages-femmes, seront tenues de se retirer incessamment (1769). — Le Bureau étant informé que depuis quelque temps plusieurs particuliers se sont permis de prendre dans les salles de Saint-François et de Sainte-Monique destinées particulierement aux petites veroles, de la graine de cette maladie pour servir a la pratique de l'inoculation, il a arrêté de mander tous les medecins et le premier chirurgien pour être entendus sur ce fait (1770). Réglement de police intérieure de l'H.-Dieu (1771). — Procès-verbal de la célébration du service solennel à l'église de Notre-Dame, à l'occasion de l'incendie du 29-30 décembre 1772. — Rapport du procureur général concluant à la construction d'un nouvel Hôtel-Dieu au dessous de l'École-Militaire, en face de l'île des Cygnes. — Discussion des plans et devis présentés par les architectes Chalgrin et Ledoux pour la construction d'un nouvel Hôtel-Dieu (1773). — Il a été arrêté que deffenses seront faites au sieur Bonnot, inspecteur des bâtiments, de communiquer a qui que ce soit et particulierement a la prieure et aux religieuses de l'H.-D. aucun des plans ou projets arrêtés en exécution des lettres patentes du mois de mai 1773 pour la construction de l'H.-D., même de leur répondre aux differentes questions qu'elles pourroient lui faire à ce sujet sans y être autorisé par le Bureau (1774). — Règlement des heures d'entrée et de sortie du public. — Reconstruction des bâtiments incendiés (1775). — Lettre de la mère prieure exposant aux administrateurs le triste état où se trouvent les religieuses de l'H.-D. depuis l'incendie de 1772. — M. Lenoir, conseiller d'État, a dit qu'il était chargé par M. le comte de Maurepas, ministre d'État, et par M. le comte de Saint-Germain, secretaire d'État, de proposer à l'administration la translation de l'Hôtel-Dieu à l'Hôtel-Royal des Invalides (1776). — Le sieur Lhermitte, maître coutelier en instruments de chirurgie, est nommé fournisseur de l'H.-D. — Lingots d'argent provenant de l'incendie de 1772, estimés à 12,666 livres. — Défense d'élever des lapins et des porcs dans les caves de l'H.-D.

Années 1778-1785, 8 registres. — Épidémie de fièvre puerpérale dans la salle Saint-Joseph. — Reconstruction des bâtiments de l'H.-D. incendiés en 1772. — Remède spécifique contre les scrofules et le scorbut proposé au Bureau par Pelletan père, maître-chirurgien. — Réunion chez le garde des sceaux Miroménil de la Commission chargée d'étudier les projets relatifs à l'H.-D.: « il a été arrêté dune voix unanime que l'H.-D. ne seroit ny deplacé ny divisé, mais quil seroit aggrandy et quen attendant son aggrandissement lhopital Saint-Louis demeureroit ouvert par provision» (1778). — « Mémoire adressé à lun de MM. les commissaires par le concierge fossoyeur de Clamart, certifié par le commandant de la brigade extérieure et par les commis de la barriere temoins des faits de violence énoncés audit mémoire et commis par plusieurs jeunes chirurgiens attroupés dans le dessein d'enlever des cadavres dudit cimetiere » (1779). — Translation au cimetiere de Clamart des corps et ossements provenant de l'ancien cimetiere des Quinze-Vingts avant l'installation de cet hospice dans les bâtiments de la rue Saint-Antoine (1780). — Statuts du collége de pharmacie reconnaissant le privilége des gagnants maîtrise de l'H.-D. (1781). — Visite à l'H.-D. du ministre d'État Joly de Fleury (1781). — Le Bureau exprime sa satisfaction à M. Dulot, médecin de l'H.-D., qui avait trouvé le moyen de triompher du fléau de la fièvre puerpérale (1782); délibération portant que le lieutenant général de police serait invité à faire imprimer aux frais du gouvernement un mémoire sur la nature et le traitement de la fièvre puerpérale. — M. Charton a dit que c'était un ancien usage d'enfler la feuille contenant le nombre des malades de l'H.-D. qui s'affiche dans l'église, que c'était un moyen d'exciter la charité du public, « que cette affiche étoit regardée comme une simple formalité et qu'on n'avoit egard qua la liste dressée par l'inspecteur des salles » (1783).

Années 1786-1791, 6 registres. — Réglement du service des archives; communication des pièces avec déplacement, mise en ordre et récolement des archives (1786). — Projet de reconstruction de l'H.-D. dans l'île des Cygnes, autographe de Bailly; projet de conversion des franchises de l'H.-D. et de l'hôpital des Incurables en une subvention annuelle de 212,000 liv. (1786). — Placement des malades dans la nouvelle salle, noms donnés à ces salles (1787). — Réflexions sommaires sur le projet proposé par les Commissaires de l'Académie des sciences de diviser l'H.-D. en quatre ou cinq hôpitaux (1787). — Mémoire, plan et devis des ouvrages à faire dans l'intérieur de l'H.-D. pour la création d'un amphithéâtre sur l'emplacement de la salle Saint-Yves (1788). — Abus divers signalés par le premier chirurgien de l'H.-D., Desault; lettre du baron de Breteuil au Bureau de l'H.-D. lui transmettant les ordres du Roi de faire procéder à la démolition des hôpitaux de Sainte-Anne et de Saint-Louis qui devaient être reconstruits (1788). — Plaintes des religieuses contre le chirurgien Desault (1789). — « Le Bureau a arrêté qu'il seroit écrit à M. le Maire de Paris a leffet de remettre entre les mains du corps municipal ladministration qui lui a eté jusqu'a present contiée, et que cependant le Bureau continuera de remplir les fonctions dont il étoit chargé jusqua ce quil y ait esté pourvu par le corps municipal » (1789). — Remise des clefs des archives à l'assemblée des représentants de la commune (2 déc. 1789). — Revendication par le Bureau de la propriété des matériaux provenant de la démolition de l'hôpital Sainte-Anne (1790). — Mémoire instructif sur l'H.-D. remis aux commissaires de l'Assemblée nationale chargés de l'extinction de la mendicité, qui étaient le duc de Liancourt, Prieur et Bonnefoy (1790); visite de l'H.-D. par ces commissaires; lettre des administrateurs de l'H.-D. les priant de donner suite à la démission qu'ils avaient remise le 19 août 1789 entre les mains des membres de la municipalité provisoire; renseignements fournis par le Bureau au Directoire du département sur les diverses parties de l'administration de l'H.-D. — Lettre de Pastoret, procureur général syndic du département, aux administrateurs démissionnaires : « Jay lhonneur, Messieurs, de vous prevenir que sur la démission que vous avez donnée de vos fonctions d'administrateurs de l'H.-D., le Directoire a confié provisoirement cette administration à MM. Moulinot, Cousin, Thouret, Cabanis et Aubry-Dumesnil (1791).

Collection des comptes de l'Hôtel-Dieu. — Nous n'avons pas eu pour cette collection le même bonheur que pour la collection des délibérations du Bureau de l'H.-D. qui a été sauvée tout entière. Je n'avais fait descendre dans nos caves que les 165 premiers volumes renfermant les comptes des années 1364 à 1599 ; c'est l'histoire financière de l'H.-D. pendant 235 ans, les 140 volumes formant la seconde partie de la collection et comprenant les années 1600 à 1737 étaient restés dans les armoires du dépôt, c'est assez dire quel a été leur sort. Fort heureusement ces 140 volumes ont été longuement analysés au t. II de notre Inventaire, p. 211 à 241 ; les renseignements particulièrement intéressants qu'ils contenaient en ont été extraits et le total des recettes et des dépenses a été soigneusement indiqué pour chaque année.

Je vais, maintenant, comme je viens de le faire pour la collection des Délibérations du Bureau, résumer en quelques pages l'inventaire analytique que j'ai donné, il y a huit ans, des 165 volumes de comptes, encore présents aujourd'hui sur les tablettes de nos archives.

Ce n'est qu'au XVIe siècle, et il n'est pas inutile de le faire remarquer, après la réforme administrative de l'H.-D., que ces comptes sont tenus avec ordre et qu'un développement suffisant est donné à chaque article de la recette et de la dépense. Les 20 volumes qui renferment les comptes des années 1364 à 1506 sont rédigés avec un laconisme bien regrettable et ne présentent que de trop nombreuses lacunes; rien n'indique que nos archives aient jamais possédé les comptes des années 1380 à 83, 1386, 88, 1390 à 1415, 1419, 1421, 1437 à 1442, 1447 à 1476 ; à partir de l'année 1506 jusqu'à l'année 1599, il ne manque plus que les années 1509, 1510, 1557 et 1590, déjà en déficit lors de la rédaction de l'inventaire analytique imprimé.

Premier volume renfermant les comptes des années 1364 à

1395. — Année 1364, recepte: sommes dues des maisons de Paris 373 livres; receptes des rentes du Chastelet et du trésor 165 livres; recepte de Nulli-sur-Marne, « la maison et les terres estoient baillées a ferme a Jehan Gumier pour 20 sextiers seigle et 4 sextiers davaine par an, en cest an neant car les terres sont en frische depuis les guerres et ne peut on trouver qui les prengne et fu la maison arse par les ennemis »; recepte des lais et aumosnes 57 livres 12 s.; somme toute de vraie recepte 864 livres; — despens 2 cabars de figues et 1 cabar de raisins pour les malades, 4 liv. 19 s.; 1 quarteron damendes pour les malades 30 s.; somme toute de la despense 520 liv. — Année 1365: Recepte, 787 liv. « Pour deux bersuels prins en lostel de ceans pour madame Jehanne de France pour lesquels le Roy fist bailler 40 frans; somme toute de la despense 537 liv. — Année 1366: recette 736 liv., dépense 471 liv. « pour trois charetees de fuerre achetees a Guernelle pour faire les liz au malade 47 sous; — Année 1367, recettes 911 livres; de laumosne du Roy le mardy de la sepmaine peneuse quil vint ceans visiter les poures 80 liv.; dépense 525 liv. — Année 1368, recettes, 1036 liv.; recepte de lais et aumosnes, « des biens a la dame de lostel de la treille en la kalendre », 16 liv., de laumosne du Roy par son aumosnier 16 liv., de laumosne du Roy 80 liv., de laumosne monsieur Bureau de la Riviere par son chapellain ou mois daoust et ou mois doctobre et de decembre 31 liv. 16 s., de laumosne du Roy par labbe de Fescamp 24 liv.dépense 709 liv. — Annee 1370, recette 739 liv.; de laumosne messire Bureau de la Riviere, chevalier en trois fois 50 liv., de messire Jehan le mareschal breton iadiz chappellain dudit hostel envoie par un marchant de Bretaigne pour sa conscience apaisier 12 liv. 16 s., dépense 644 liv.; « pour deux sergens qui furent a lostel le 2e et le 3e jour de febvrier en la chambre seur Philippe du Bois la prieuse pour la mettre hors de sa chambre par le commandement du Roy pour leur salaire 28 sous; autre despens cest assavoir du voiage faict par ladicte prieuse en venant de Compiengne a Paris du commandement du Roy pour estre instituée prieuse dudict hostel 11 liv.—Année 1371, recettes 1029 liv. de monsieur le comte d'Estampes le 19e jour de may pour la vente faicte a lui de la chambre qui fu Madame la Royne laquelle lavoit laissiee audit office et laquelle fu vendue le pris et somme de 120 francs, dépenses 708 liv.—Année 1374, recettes 794 liv., dépenses 686 liv. — Année 1376, recettes 927 liv. « le 21e jour de mars de laumosne de la Royne blanche par maistre Hugue Boileaue, 112 sous; dépenses 1143 liv. — Année 1378 recettes 1323 liv. « du testament de feu maistre Pierre de Pise 160 liv., dépenses 1080 liv.; le jour de l'ascension pour herbe achatee a jonchier et mettre a val l'hostel 6 sous. — Année 1379 (les totaux n'ont pas été indiqués), recette des maisons de Paris, 397 liv.; dépenses, a seur Jehanne de Puiseux qui estoit en lenfirmerie pour acheter des almendes pour faire le potaige aux malades 20 sous. — Année 1381 recettes 904 liv. (point de total des dépenses). — Année 1384 (point de totaux), recette du testament de feu madame de Neelle par la main de messire Herpin de Neelle, 10 liv.; dépense, le jour de la tiphaine a la royne des seurs pour faire sa roiauté, 6 s.; item pour rappareiller les tapis qui furent feu Madame Marie de France, lesquelx ladicte prieuse donne a la chappelle des freres 6 sous; item pour le sallaire de Jehan du Bois sergent du Chastellet qui ala delivrer les rentes de loffice de la prieuse qui estoient arrestées de par le Roy par les commissaires ordonnez en Chastellet sur les nouveaux acquez 2 sous. — Année 1385 (point de totaux), de laumosne des biens de Monsieur le conte de Savoie 32 s.; de laumosne du comte de Vantadour par les mains de messire Robert son filz, 20 livres.—Année 1389, recettes 1328 liv.; le dairenier jour dottobre de laumosne de la Royne Blanche, 4 liv., depenses (point de total); item le 16e jour dudit mois pour la despense de ladite prieuse et de sa compaigne qui ala a Conflans par devers la Royne en un chariot pour charier le barseuel de la fille du Roy qui estoit lors nouvellement trespassee. — Année 1393, recettes, 959 liv.; receu des executeure de feu maistre Hugues Boileaue jadis tresorier de la saincte chappelle du palaiz 23 liv.; item le 2e jour d'aoust receu du don du cardinal de la Lune, neuf couronnes d'or valent 8 liv. 2 s.; dépenses (point de total); le 19e jour de janvier fu baillé a quatre varlés qui porterent hors de devant ledict hostel un *caymant* appelé Jehan de le Cauchies qui nuysoit aud. Hostel-Dieu, 8 sous; item ce jour a deux varles qui apporterent a lhostel la chambre de feu madame dOrlians, 2 sous. — Année 1395, recettes 1800 liv., receu de laumosne de monseigneur le duc de Bourgoigne, 8 liv., de laumosne Boucicault, 64 sous, autre recepte extraordinaire, premièrement pour la vente dune chambre de sargis blanche de la façon dArras qui fu laissiez par feu Monseigneur le conte de Boulongne ces choses vendues a madame la Royne Blanche la somme de 50 frans valent 40 liv., dépenses 856 liv.

Deuxième volume des comptes, années 1369 à 1378. — Année 1369, recettes 639 livres, dépenses 345 livres. Année 1372, recettes 1215 livres; du Roy nostre sire pour le berseul de monsieur le Dauphin qui avoit esté donnez a l'office et on le vouloit avoir pour Madame Jehanne de France, pour ce receu 16 livres; dépenses 1003 livres; aux freres et suers de l'Hostel a eulx donné en pitance quant la prieuse fist chanter une messe du Saint Esperit pour le Roy nostre sire et pour monsieur Bureau de la Riviere qui estoient recommandés es prieres de lhostel, 33 sous. — Année 1373, recettes 994 livres, dépenses 607 livres. — Année 1375, recettes 927 livres, de laumosne de monsieur le duc dOrliens par la main de monsieur laumosnier du Roy 32 livres. — Année 1377, recettes 879 livres, le 11e jour de septembre de l'aumosne du Roy nostre sire pour le berseau de madame Ysabeau de France, par la main de damoiselle Jaqueline de Fleury, 8 liv.; — dépenses 568 livres; — pour une quittance passée ou chastellet de Paris pour les biens receuz de madame Marie de France, 2 s. — Année 1378, recettes 1323 livres, dépenses 1080 liv.

Années 1416 à 1418, 3 registres. — Année 1416, compte rendu par freres Jehan Charron de Gisors, maistre dudict Hostel-Dieu, et Jehan Domilliers, boursier dicelluy. — Recettes 7394 l. Recepte des dons, laiz et aumosnes faiz et donnez audict Hostel-Dieu pour ceste presente année, 853 livres, de laumosne de excellant et puissant prince monseigneur le duc de Berry par la main de maistre Loys de Chambly aumosnier dudit seigneur, 8 livres; de laumosne du puissant prince monseigneur le duc de Bretaigne, 53 livres; — Dépenses 6900 livres; pour porter dudit Hostel-Dieu jusques au cimetiere de la Trinité 2077 corps des personnes tréspasseez oudict Hostel ceste presente année, chascun corps lun parmi lautre, 3 deniers, 24 livres; — Pour desservir la chappelle feu monsieur le duc dOrleans fondée en cest Hostel, 9 livres; — pour tuer ceste année 36 chiens truans alans par ceans sur les lis des malades, 12 sous; — pour un procès a lencontre de Nicolas Flamel pour raison dune maison sise en la rue de la Tonnelerie, 23 sous. — Année 1417, recettes 8111 livres; dépenses 6600 livres. — Année 1418, recettes 8778 livres; — du residu des biens de feu reverend pere en Dieu monseigneur Philippe de Molins, en son vivant evesque de Noyon, pour aidier et soustenir les grans pertes que nous et lostel avons souffertes pour et a l'occasion de la guerre, 200 livres; — dépenses 6468 livres; pour porter depuis cest hostel 5317 corps des personnes trespassées audit Hostel-Dieu en ceste presente année, 63 livres.

6e registre des comptes, années 1422 à 1427. — Année 1422. Compte de seur Jehanne la Page, prieuse de l'Hostel-Dieu de Paris, des rentes et revenues appartenant a son office de prieuse; recettes 1406 livres; — dépenses 803 livres. — Année 1423, recettes 601 livres, dépenses 297 livres. — Année 1424, recettes 352 livres, dépenses 346 livres. — Année 1425, recettes 336 liv. — de laumosne de la Royne de France le jour du grand vendredi, 64 sous; — dépenses 469 livres; de cinq maisons oultre grant pont, assises pres du Chastellet, neant pour ce quelles furent abatues par justice; — item de laumosne monseigneur le conte de Salibury par la dispensacion de reverend pere en Dieu monseigneur larcevesque de Rouen, 22 livres; — dépenses 513 l. — Année 1427, recettes 671 livres; en la truanderie de la maison ou sont les estuves aux femmes, 60 sols parisis; en la rue de Mauconseil de la maison ou souloient estre les estuves aux hommes, neant; — le jour du grant vendredy de laumosne de la Royne de France, 4 livres; — Item ce dit jour de laumosne madame la Regente, 24 livres; item de laumosne Jehan Marceau, maistre des monnoies de Rouen, 10 salus d'or valent 11 l. parisis; dépenses 500 livres.

Années 1428 à 1430, 3 registres, papier et parchemin. — Année 1428, recettes 3009 livres; — de laumosne madame la Regente qui visita cest hostel le jour du vendredi Benoist : 66 liv., de laumosne de la Royne de France pour les acouchées 6 mosles de buche; receu des margliers de lesglise Saint-Jacques-de-la-Boucherie pour dire une messe en ladite esglise pour le salut et remede de lame de feu Nicolas Flamel 10 sous; — dépenses 4,052 liv.; pour faire par Colin le vennier enlumineur 358 lettres de deux poins et 332 petites lettres faictes ou breviaire du comptouer du maistre 16 sous. — Année 1429, recettes 3587 liv.; — de laumosne de très-excellent et puissant prince monseigneur le Regent 80 liv. parisis; du lais sire Jehan de Compans, changeur et bourgeois de Paris, 20 liv.; de venerable homme maistre Nicolle de Noille pour le baston de Monseigneur saint Jehan Baptiste patron de cest hostel par lui prins lannee passee et par lui rendu ceste presente année 56 sous; — dépenses 4170 livres; pour une lettre de Monseigneur le duc de Bourgoigne gouverneur de Paris du congie a nous donne pour nous aidier sans preiudice du sauf conduit *de cellui qui se dit delphin* 14 sous. — Année 1430, recettes 3535 livres; — de messire Estienne de Breban, filz de feu Gerard de Breban et de Ysabel jadis sa femme qui en lannee passee se donna mist et rendit a cest hostel avecques tous ses biens par et sur les condicions forme et maniere déclaree es lettres sur ce faittes et par especial entre les autres choses donna audit Hostel Dieu pour et en lieu des libvres quil avoit la somme de 320 livres; de honneste femme Ysabel de Breban, bourgeoise de Paris, fille de feu Jehan de Louviers et vefve de feu Gerard de Breban 800 livres; — dépenses 3563 liv.; — pour une chemise aspre et dure achettee pour messire Estienne de Breban, 8 sous 4 deniers.

10e registre des comptes, années 1428 à 1436. — Compte de la prieuse, année 1428, recettes, 665 liv.; — de laumosne monseigneur le Regent, quant il fu a Notre-Dame de Paris avant quil alast a Chartres, 33 liv. 12 sous; — dépenses 387 liv. Année 1429, recettes 663 livres 7 sous 2 den., dépenses 313 livres. — Année 1430, recettes 610 liv., dépenses 375 livres; — item pour la journee de deux hommes qui ont cousu et refait les nates de la chambre dudit Estienne de Breban, 8 sous parisis; — item pour cellui qui a tendu de vermeil la chambre de messire Estienne, 12 deniers. — Année 1431 (point de totaux); — de laumosne de Guillaume Sanguin, prevost des marchans, 40 s.; — dépenses : pour les saignies aux grans lavandières lesquelles sont saignies trois foiz lan, chacune fois 8 sous. — Année 1435, receu du don de madame de Bourgoigne par la main de son osmonnier present son beau-père 24 liv.

Années 1443 à 1446, 4 registres. — Année 1443, compte de lostel Dieu rendu par frère Jehan Binet et frère Pierre Luillier.— Recettes 3820 livres; de la queste faicte en Parlement pour cest hostel par la main de monsieur Guillaume Berthellame 58 livr.; du laiz de feu maistre Thibault, organiste du Palaiz-Royal a Paris, 20 livres; — dépenses 2276 livres; a frere Jehan Tulleau qui se partit le 12ᵉ jour de septembre pour aller de rechef a Romme querir et recouvrer nos bulles qui estoient perdues si comme on disoit 6 liv. 13 sous. — Année 1444, recettes, 1769 livres; de laumosne de reverend père en Dieu monseigneur levesque de Castres, confesseur du Roy nostre sire, 22 livres; — depenses, 2354 liv.; pour donner a disner a ung maistre en theologie qui doit aller en Normandie exposer notre bulle 10 sous 8 den., a ung cordellier qui va prescher pour nous en Bretaigne, 22 sous. — Année 1445, recettes 4145 liv.; de la queste faicte par messire Pierre Halle notre procureur general au pais d'Anjou a cause des bulles données a cest hostel par nostre saint perre le pappe Eugene II, 120 livres; — dépenses 3010 liv.; a monseigneur levesque de Noyon pour avoir ses lettres pour prescher en son evesche 12 liv. 11 sous. — Année 1446, recettes 9569 livres; quêtes faites en Bretagne, Anjou, Picardie, Poitou, Touraine, Champagne, 6968 livres; — dépenses 6903 liv.; a maistre Anguerran de Parenti, medecin, pour sa pencion de ceste année, 8 liv.; a maistre Pierre Malaisie, cirurgien, 100 sous; pour donner a maistre Jehan James, maistre Jehan Duchemin, Gilles Poireau et autres pour adviser deffaire le grand pignon sur la rivière, 10 liv. 3 s.

15ᵉ registre des comptes, années 1477 à 1480, comptes de la prieuse de l'H.-D. — Année 1477, recettes 844 liv., dépenses, 209 liv. — Année 1478, recettes 981 liv., dépenses 467 liv.; — pour le disner fait la veille des Roys en la chambre de la prieuse a messeigneurs les proviseurs et austres amys dudit Hostel-Dieu comme on a acoustume pour ce paye 60 sous; item pour lachapt dun grant pain de sucre pesant environ 5 livres et demye achette au lendit pour seur Hugues du Jardin paie ung escu dor vallant 25 sous. — Année 1479, recettes 945 liv., dépenses 405 liv. — Année 1480, recettes 837 liv.; dépenses 299 livres.

16ᵉ registre des comptes; années 1481 à 1485. Compte de seur Jehanne Lasseline, prieuse. Année 1481, recettes 828 liv., dépenses 345 liv. — Année 1482, recettes 898 liv., d'une aumosne donnée par monseigneur le conte de Dampmartin 32 liv.; dépenses: 1083 liv.—Année 1483, recettes 518 liv., dépenses 341 liv.; item le 27ᵉ jour de février fut fait le *bouhourdis* audit Hostel-Dieu que on a acoustume faire en Karesme et fut anticipe pour la cause du pardon et pour la grant quantite des malades estans audit Hostel-

Dieu et fut achette par ladicte prieuse la quantité de 501 quarterons de gluys de feure pour mettre au litz des poures malades 105 sous; pour quatre cens de pommes de Capendu pour les malades 20 solz. — Année 1484, recettes 541 livres; receu de Denis Marcel, notaire et commis a paier les aulmosnes du Roy nostre sire dune aulmosne faicte par le Roy apres son entiere sante a Paris pour emploier en draps pour les poures malades 40 livres; dépenses 206 liv. — Année 1485, recettes 562 liv., dépenses 422 liv.

17e registre des comptes, années 1486-90. Compte de la prieuse. — Année 1486, recettes 569 liv.; item le quatriesme jour dudit moys fut receu par les mains des executeurs du testament de feue honorable femme Marguerite en son vivant femme de feu maistre *Olivier le Dain*, 64 solz parisis; item le huitiesme jour dapvril mil quatre cens quatre vingt et six fut receu dune aumosne faitte par le Roy nostre sire audit Hostel-Dieu par les mains de honnorable homme et saige maistre Michiel Gaillard, general de France, la quantite de vingt et un manteau et huict robes faites a usaiges domme pour servir aux pouvres malades estant audit hostel Dieu, quant ilz se levent de leurs litz et dix-sept couvertures aussi de drap pour servir aux petitz litz; — dépenses 419 livr. — Année 1487, recettes 722 liv. Donné en aumosne par lordonnance de messeigneurs de la chambre des comptes du Roy la somme de 100 liv. tournois laquelle somme fu emploiee en toelles; dépenses 589 livres; item en herbe vert pour semer le jour de lassension notre seigneur devant la procession de Notre-Dame oudit Hostel-Dieu comme il est de coustume 3 s. p. — Année 1488, recettes 656 liv.; item le quatriesme jour de fevrier oudit an vint madame de Beaujeu audit Hostel Dieu et visita les offices des pouvres malades et donna audit office de prieuse, 24 liv.; dépenses 945 liv. — Année 1489, recettes 741 liv.; item receut la prieuse de damoiselle Denise la Courtoise, mere de la femme du bailly de Meaulx, une couverture de blanchet fourree de gris qui servoit au lit du Roy nostre sire; — dépenses 863 liv. — Année 1490, recettes 621 liv.; item receu de Guillaume Lamy docteur en medicine lun des executeurs de feu reverend pere en Dieu Monseigneur levesque de Besiers, 16 liv. parisis; dépenses 773 liv.

18e registre des comptes. Années 1491-94. Comptes de la

prieuse. — Année 1491, recettes 807 liv.; item receut ladite prieuse dun evesque du pays de Portugal qui visitoit les pouvres malades 28 solz; dépenses 707 liv. — Année 1492, recettes 615 liv.; dépenses 433 liv. — 1493, recettes 614 liv., dépenses 567 liv. — 1494, recettes 842 liv., dépenses 584 liv.

19e registre des comptes. Années 1495-99. Comptes de la prieuse. — Année 1495, recettes 764 liv., dépenses 739 livres. — 1496, recettes 889 liv.; item receut ladite prieuse par les mains de Guillaume Gueroult, notaire au Chastellet la quantite de douze douzaines de draps de lit, dépenses 467 livres. — Année 1497, recettes 1185 livres; item receut ladite prieuse par les mains de maistre Denis Marcel, tresorier des aulmosnes du Roi nostre sire la somme de 16 liv. parisis; dépenses 630 liv. — Année 1498, recettes 1051 livres, dépenses 529 liv.; — Année 1499, recettes 1411 liv.; item receut la prieuse 80 livres parisis dune aumosne donnée par le Roy nostre sire sur le grenetier de Chasteau Thierry; dépenses 1078 liv.

20e registre des comptes. Années 1500 à 1504. — Comptes de la prieuse. — Année 1500, recettes 1092 liv.; item receut la prieuse des executeurs de feu honnorable demoiselle Jehanne la Viste en son vivant femme de honnorable homme maistre Jehan Briconnet 40 solz parisis; dépenses 405 liv. — Année 1501, recettes 1535 livres; dépenses, 1851 liv. — Année 1502, recettes 758 livres; item receut ladicte prieuse le 15e janvier mil cinq cens et ung par lordonnance de messeigneurs des comptes de Paris de venerable et discrette personne maistre Gilles de Luxembourg prothonotaire apostolique, fils naturel de feu Loys de Luxembourg conte de Saint-Pol, la somme de 20 escus dor faisant partie de 30 escus dor que mesdits seigneurs des comptes lui ont composé et ordonné pour sa legitimacion; dépenses 955 liv. — Année 1503, recettes 708 liv. Receu des executeurs de feu maistre Jehan Milet en son vivant evesque de Soissons 50 livres tournois; dépenses 1560 livres. — Année 1504, recettes 649 liv.; item receut ladicte prieuse de monsieur le general maistre Jacques le Roy la quantite de quinze douzaines de draps de lit; dépenses 355 livres.

Année 1505-1506. Compte premier de Jehan de la Saunerie,

procureur et receveur general de lhostel Dieu de Paris estably par messires les bourgeois, gouverneurs, commis au regime et gouvernement du temporel dudit Hostel Dieu, de recepte et despense faictes par ledit receveur tant à cause des cens, rentes et revenus dicelluy Hostel Dieu en ceste ville et faulxbourgs de Paris, que dautres deniers qui souloient estre receuz tant par le maitre dudit hostel Dieu par le boursier maisonnier par la prieuse que par la commise a la garde dappoticairerie et ce pour ung an entier commençant au jour Saint Jehan Baptiste mil cinq cent cinq includ et finissant a semblable jour lan revolu mil cinq cens et six. — Recettes (point de total) de Loys de la Roche Hemon, 4 liv.; autre recepte a cause de la queste des indulgences 546 livres; dépenses (point de total); pour quarante muys de vin tant vermeil que cleret 80 livres; pour deux coques de servoise pour la provision du jour de vendredy saint 42 solz; a maistre Françoys Walvin organiste dudit Hostel Dieu 112 solz; au procureur des Freres mineurs de Paris, 8 livres tournoiz pour aller querir des religieuses refformees de lordre de Saint-Augustin es pays de Flandres et Picardie pour servir audit hostel Dieu; paye pour la façon dung perpetuon escript a la main en lectre batarde et tiltres dor et dazur armoyé aux armes du Roy dAngleterre a lui envoyé par un marchant dudit Angleterre pour luy presenter au nom dudit hostel Dieu afin de obtenir sa begnivolence pour parvenir a la publication des indulgences dudit Hostel Dieu estre faicte audit royaume dAngleterre 34 solz.

Année 1506 (Pâques 1506 à Pâques 1507). — Compte rendu par Jehan de la Saunerie. Receptes 15543 livres. — Rente sur une grant maison contenant celier cave et jeu de paulme qui fut au conte de Saint-Pol assise oultre lancienne porte de sainct Honoré 16 solz parisis; recepte a cause du fief droit et seigneurie que ledit Hostel Dieu a sur la rivière de Seine autour de Corbeuil 36 livres; recepte des pardons et indulgences 4320 liv.; du lays faict audit Hostel Dieu par feu Nicolas Halouet en son vivant *grant canonnier du Roy* nostre sire 35 liv.; du laiz faict par feu *Philbert Gobelin* tainturier demourant a Saint Marceau 20 solz parisis; de la vefve et heritiers de feu noble homme messire Jehan de Monteaux en son vivant chevalier seigneur de Bellay 380 livres. Dépenses 14538 livres; a seur Guillemecte du Guischet religieuse commise a la charge et gouvernement de lappothicairerie 16 livres; pour faire la despence des religieuses et filles qui sen sont retournees par le conge de la court de Parlement a Tournay et en Flandres 13 liv.; a Pierre Gillet geolier des prisons de messieurs du chappitre de Paris 6 livres tournois pour le geolage de seur Antoinecte la Poussiere religieuse dudict Hostel Dieu de douze mois ou environ que mesdits sieurs du chappittre lont fait tenir prisonnière; payé pour ung grant baston de lance pour pendre a la porte dudit Hostel Dieu la bannière du pardon des indulgences 2 solz parisis.

Années 1508-1509. — Recettes 17810 liv. De *Henry Estienne* imprimeur demeurant à Paris receu 568 liv. pour le rachat dune rente que lostel Dieu avoit droit de prendre par chacun an sur une maison appartenant audit Henry Estienne assise au cloud Bruneau; deniers venuz de la queste des pardons 5780 liv.; de louverture des troncs tables et baise-mains 2126 livres; de la succession de feu maistre Pierre de laage 1298 livres; dépenses 19740 livres; a ung tumbier pour avoir rasé par le commandement de monsieur le doyen de Paris la pourtraicture dune religieuse estant sur une tombe assise en la chappelle dudit Hostel Dieu 10 solz.

Années 1510-1511 à 1514-1515. 5 Registres. — Comptes-rendus par Pierre Perseval, Jehan Verajon, Claude de Savignac. — Année 1510-1511. Recettes 9857 liv.; recette du revenu des indulgences 2816 liv.; dépenses 4969 liv. A maistre François Maingaut bailly dudit Hostel Dieu pour avoir vacqué durant la veille et jour du pardon de la chayre Sainct Pierre a visiter et chercher certains larrons couppeurs de bourses estans oudit Hostel Dieu 20 solz; a maistre Pierre Rozee docteur en médecine 36 livres pour sa pension. — Année 1511-1512. Recettes 9958 livres; dépenses 8523 livres; a Jacqueline Gaillart saige-femme dudit Hostel Dieu 8 liv. 3 sols. — Année 1512-1513. Recettes 13168 liv.; de Monsieur le vidame Damyens 620 liv. a cause de neuf muys de sel que ledict Hostel Dieu a droit de prendre chacun an sur le pont de Piquigny. Dépenses 14037 liv. — Année 1514, recettes 13383 livres; dépenses 13214 livres. — Année 1515, recettes 13372 livres, du droit de pescherie que ledit Hostel Dieu a sur la rivière de Seyne a cause du fief de la Mothe assis a Corbueil lequel droit a sept lieues dextendue a commencer a Villeneufve Sainct Georges jusques a Soisy sur Estolle au-dessus de Corbueil 42 liv. 8 sous; de monseigneur *de Lautrec* grant mareschal de France 40 liv. parisis. Dépenses 13131 liv.

Années 1516 à 1520, 6 registres.—Année 1616, recettes 17302 livres; recepte provenant du jubile obtenu de nostre sainct père le Pappe pour ung an pour les deniers en venans estre convertis et emploiez en lelargissement dudict hostel Dieu affin de dores en avant separer les malades actaintz de peste des autres mallades survenans oudit hostel Dieu chacun jour 1228 livres; de messire Jehan Briconnet, président en la Chambre des comptes la somme de 305 livres quil a donnée pour la tournelle qui a esté faicte au coing de lostel du *chasteau frilleux* ou se tient a present le bureau dudit Hostel Dieu. — Dépenses 18274 livres; a Aymar Berthelot la somme de 20 liv. tournois pour la despence et frais par lui faictz a Lyon pour obtenir lectres du Roy adressans a messeigneurs de la Chambre des comptes touchant certain pont que mesdits seigneurs les gouverneurs dudict Hostel Dieu veullent edifiier pour laccroissement dudict Hostel Dieu. — Année 1517, recettes 14341 livres. De maistre Jacques Charmoulue changeur du Trésor du Roy nostre sire la somme de 200 liv. tournois. Dépenses : 15230 liv.; aux deux nourrisses des petitz enfans estans audit Hostel Dieu 71 solz parisis. A Robert Charlot barbier et cirurgien ordinaire dudit Hostel Dieu 26 liv. 10 solz. — Année 1518, recettes 13698 liv.; a esté receu la somme de 243 liv. des religieuses dudict Hostel Dieu qui ont esté garder des malades par ceste dicte ville; dépenses 13063 liv.; despence quil a convenu faire a la poursuite de ceux qui avoient desrobé la vefve de feu Pierre Girardot laquelle sest et ses biens donnée audict Hostel Dieu 289 livres; a maistre Jehan Gonthier dict dOrleans inciseur juré a Paris 8 liv. tournois pour avoir taillé audit Hostel Dieu plusieurs mallades.—Année 1519, recettes 15422 liv.; receu la somme de 305 liv. tournois pour la vente de trois petites maisons assises rue d'Autrische derrière l'ostel de Bourbon *servans a filles amoureuses* lesquelles ledict Hostel Dieu a esté contrainct de vendre pour le faict et bien de la chose publique a moyen des scandales et inconveniens qui en advenoient chacun jour; donné audit hostel 12 livres par monseigneur le bastard de Savoie pour prier Dieu pour lame de feu sire Jehan Jaques en son vivant son compaignon darmes. Dépenses 14321 livres. — Année 1520, recettes 13317 livres; des executeurs du testament de feu noble homme et saige maistre Leon Juvénal des Ursins en son vivant conseiller en la court du Parlement 40 livres. — Dépenses 11809 livres. Compte particulier des sommes dépensées pour la construction de la maison de la santé.

Années 1521 à 1530, 10 registres. — Année 1521, recettes 13396 livres. Des exécuteurs du testament de la vefve de feu *Simon Vostre* en son vivant marchant libraire 80 livres parisis; de maistre Jacques Charmolue 50 livres tournois ordonnée par Messeigneurs de la Chambre des comptes pour les prières faictes audit Hostel Dieu pour la santé et prospérité du Roy, poix et union de son royaulme; dépenses 16580 livres. — Année 1522. Recettes 15434 livres; de monseigneur ladmiral de France 224 livres tournois; de maistre Jehan Prevost tresorier de lextraordinaire des guerres la somme de 192 livres ordonnée par le Roy nostre sire a ce que aulcuns chevaliers de son ordre qui sont allez de vie a trespas soient participans aux prieres et bienffaictz dudict Hostel Dieu. Dépenses 14389 livres. — Année 1523. Recettes 13983 livres; dépenses 13468 livres. A messire Jehan Lambert 15 solz pour ses gaiges davoir monstre aux enfans de cueur lart et science de musique, a messire Pierre Blondel 4 livres tournois pour avoir monstre auxdicts enfants lart de grantmaire. — Année 1524, recettes 12245 livres; dépenses 13885 livres. — Année 1525, recettes 13130 livres; le 15e jour de fevrier mil cinq cens vingt-quatre du maistre de la Monnoie de ceste ville de Paris 1108 livres pour la vente de 85 marcs de voisselle dargent de plusieurs sortes estant au bureau dudit Hostel-Dieu laquelle a este vendue de lordonnance de la Court de Parlement pour subvenir a faire le paiement de la quantite de. . . . . de bled qui a este achapte pour subvenir ceste annee a la nourriture des pouvres dudit Hostel Dieu pour ce que lannee precedente ledit Hostel Dieu na esté paié des grains des fermes dicellui a cause que en ladite année ils avoient esté gellez en terre. Dépenses 13759 liv. — Année 1526, recettes 14844 livres; dépenses 12727 livres; à Vincent Coincterel barbier et cirurgien dudit Hostel Dieu 10 liv. — Année 1527, recettes 15821 livres; dépenses 15623 livres; a ung sergent a verge pour soy donner garde et prendre aucuns vaccabons venans audits pardons pour copper des bourses 20 s. — Année 1528, recettes 17172 livres; receu la somme de 1000 livres ordonnée par le Roy nostre sire; dépenses, 18224 livres. — Année 1529, recettes 19289 livres; de laumosne du Roy nostre sire 100 livres afin quil plaise a Dieu que messeigneurs les enfans de France prisonniers en Espaigne puissent tost revenir en France. Dépenses 17893 livres. A Pierre Rouffet libraire la somme de 8 livres tournois pour les parties par lui faictes au legendier dudit Hostel Dieu. — Année 1530, recettes 15887 liv.; de messire Charles Dangennes chevalier seigneur de Remboullet 240 liv. tournois; dépenses 16893 livres; a maistre Pierre Huon, inciseur juré à Paris 70 solz tournois pour avoir taille deux petits enfans.

Année 1531 à 1540, 10 registres. — Année 1531, recettes 9488 liv. de monseigneur de Villeroy la somme de 608 liv. t. aulmosnee par le Roy et messeigneurs les chevaliers de son ordre; de laumosne de madame la Regente mere du Roy 1000 livres; deniers venuz de la queste faicte par les paroisses de ceste ville de Paris pour la grant abondance des pouvres qui estoient audit Hostel Dieu 366 livres; dépenses 18082 livres. — Année 1532, recettes 15662 livres; le 3e jour de juillet de la vente dun manteau violet contenant 22 aulnes lequel a servy au Roy a faire le dueil de feue madame la Regente sa mère que Dieu absoille 66 liv. tourn. Dépenses 16482 livres. — Année 1533, recettes 16005 liv.; des exécuteurs du testament de feu reverend père en Dieu monseigneur larcevesque de Reims par les mains de frère Jehan Petit 240 livres. — Année 1534, recettes 17283 liv.; dépenses 14803 livres. — Année 1535, recettes 19386 liv.; de maistre Jehan de Mailly docteur en théologie commis a recevoir les legs et convois dudit Hostel Dieu au lieu de frère Jehan Petit lequel cedit jour a esté mis hors dicellui hostel 598 livres; dépenses 19605 livres. — Année 1536, recettes 19993 livres; receu des gouverneurs de lostel Dieu la somme de 1800 liv. tournois quils ont prestée et advancée audit Hostel Dieu pour subvenir a acheter du vin pour la provision dudit Hostel Dieu; dépenses 16857 livres. — Année 1537, recettes 17574 liv. le 25e jour de juillet de monsieur le general Preudomme la somme de 1200 livres tournois que le Roy estant mallade a donnée aux poures; dépenses 17582 livres; a l'eglise et hospital madame Saincte Katerine a Paris la somme de 30 livres tournois pour une année de la pension de seur Jacqueline de Viefville religieuse professe de lhostel Dieu envoyée aud.

hospital pour quelque temps par auctorité de la court de Parlement. — Année 1538, recettes 16942 livres; dune jeune fille grosse laquelle ne se nomme la somme de 45 solz que ses parens ont donnée audict Hostel Dieu affin quelle y soit receue pour y gesir; dépenses 16535 liv. — Année 1539, recettes 21879 livres; dépenses 24386 liv. — Année 1540, recettes 20749 livres; dépenses 15989 livres.

Années 1541 à 1550, 17 registres; à partir de l'année 1542, il y a deux registres par an, un pour la recette, l'autre pour la dépense. — Année 1541, recettes 20218 livres; de puissant seigneur René de Laval seigneur de Boys Daulphin 400 livres tournois; de la Royne de Navarre seur unicque du Roy nostre sire 1125 livres tournois; dépenses 19753 liv. — Année 1542, recettes 22467 liv.; de laumosne du Roy nostre sire 900 livres tournois; dépenses 19753 livres; 70 sols tournois pour avoir remys quatre ailes a deux anges fourny largent et les avoir redorrées pour les relicquaires du costé de petit pont. — Année 1543, recettes 21392 livres; aumosne du roy nostre sire 1200 livres; dépenses 21291 livres. — Année 1544, recettes 24468 livres; de laumosne du roy nostre sire 2000 livres; dépenses 26611 livres. — Année 1545, recettes 21389 livres; dépenses 22493 livres. — Année 1546, recettes 26726 livres; des executeurs du testament de feu sire Robert Merlas en son vivant marchant et bourgeois de Paris 500 livres; de laumosne du Roy nostre sire 2000 livres; de la boeste estant en la boucherie dudict Hostel Dieu la somme de 296 livres venue de plusieurs personnes qui ont envoié querir de la chair audict Hostel Dieu durant cedict caresme; dépenses 19301 liv. — Année 1547, recettes 21294 liv., dépenses 20962 livres; a Jehan de Presles orlogeur du Pallais 6 livres pour avoir racoustré lorloge de lHostel Dieu. — Année 1548, recettes 23015 livres; du roy nostre sire 2000 livres tournois; dépenses 22077 livres. — Année 1549, recettes 36453 livres; dépenses 44339 liv. — Année 1550, recettes 31516 livres; de monsieur le tresorier de lespargne du Roy nostre sire 230 livres; dépenses 33128 livres; a Perrette Lavoyne saige femme des acoucheez 12 livres.

Années 1551 à 1560, 18 registres (manque l'année 1557). — Année 1551, recettes 28452 liv., dépenses 31872 livres. — Année 1552, recettes 34391 livres; de monsieur le bailly et capitaine de

Sedan 100 solz tournois que sa femme a aulmosnés. Dépenses, 32494 livres; a la province dAllemaigne a laquelle est deu chacun an au jour de Noel la somme de 6 livres tournois de rente sur une maison en la rue du Murier appelée la maison des Allemans. — Année 1553. Recettes, 32867 livres; du Roy nostre sire 500 livres tournois, dépense 30376 livres. — Année 1554, recettes 29252 livres; du Roy nostre sire 500 livres tournois; dépenses 24599 livres. — Année 1555, recettes, 31070 liv., du testament de feu monsieur Pothier conseiller du Roy en sa court du Parlement 20 livres; dépenses 38489 livres, a Nicolas Busselin harquebutier de la ville de Paris, fermier de lannée passée des herbages des fossez depuis la porte Saint-Victor jusques à la porte de Nesles, 40 solz tournois pour avoir mené le bestial dudict hostel Dieu pasturer esdictz fossez. — Année 1556, recettes 28042 livres; somme des pardons et indulgences 5116 livres; de noble et puissant seigneur messire Anthoine du Prat, chevalier, seigneur de Nantoulet, 100 livres tournois de rente; dépenses 27802 livres; somme des dons pensions gaiges et sallaires de gens deglise et serviteurs dudict hostel Dieu et des officiers dicelluy 1504 livres. — Année 1558, recettes 53148 livres; du Roy nostre sire par les mains de noble homme maistre Pierre de Masparrault la somme de 20 livres pour faire prier Dieu pour la paix et union de son royaulme; du general des finances du Roi 500 livres tournois; dépenses 40956 livres. — Année 1559, recettes 40890 liv.; des executeurs du testament de feu maistre Jehan Pardieu en son vivant chanoyne en leglise de Paris 1250 livres tournois; de noble homme maistre Nicolas du Fert 3400 livres tournois pour la vente a luy faicte de la maison et ferme de Verneul sur Aisne apartenant audit hostel Dieu a luy vendue pour ce que ladicte ferme estoit innutile et de petite valeur au moyen des guerres qui journellement ont esté au pais de Piquardie; dépenses 44861 livres. — Année 1560, recettes 41361 livres, de seur Jehanne Heudry commise par messieurs les gouverneurs a la porte du petit Pont la somme de 245 livres issuz des legs et aulmosnes faictz en ladicte porte du petit pont; dépenses 41505 livres.

Années 1561 à 1570, 18 registres. — Année 1561, recettes 45783 livres; de monsieur le duc de Montpansier 10 liv. tourn.; de Guillaume Guillin, maistre des œuvres de maconnerye du

Roy 10 livres; de Claude Laurin marchant à Paris 210 livres provenant de la vente faicte des demolicions de la maladerye de Labalieu pres le Bourg la Royne; dépenses 45572 liv.; a maistre Philippe Alain, docteur regent en la faculté de medecine 100 liv. tournois pour une année de ses gaiges pour visiter les pouvres malades freres et seurs; a maistre Cosme Roger maistre sirurgien à Paris 180 livres pour une année de ses gaiges. — Année 1562, recettes 49138 livres. — Des executeurs du testament de feu monsieur de Soligny en son vivant abbé de Tonnerre 120 liv. tourn.; de monsieur le legat de France 22 livres pour faire prier a Dieu pour la santé du Roy nostre Sire; depense 49362 liv.; a Anthoine Payen maistre tappicier a Paris 4 livres tournois pour avoir fourny de tapisserie qui ont esté dressez en leglise Nostre Dame de Paris pour les pardons dudict hostel dieu à cause du danger de la maladie contagieuse estant audict hostel dieu. — Année 1563. Recettes 62437 livres; de damoiselle Regner Nicollay 510 livres tournois; de reverend pere en Dieu messire Charles de Humieres evesque de Baieux 350 livres: dépenses 61509 livres. — Année 1564, recettes (point de total); recettes des pardons et jubilés 3326 livres; de madame la mareschale de Sainct André 357 liv.; dépenses 45413 livres. — Année 1565, recettes 50922 livres; des exsecuteurs du testament de feu Reverend pere en Dieu messire Loys Guillard, naguiere evesque de Senlis, 3800 livres; dépenses 37151 livres. — Année 1566, recettes 41206 livres, des exsecuteurs du testament de feu messire Loys Guillard naguere evesque de Senlis 1250 livres tournois; dépenses 47823 livres. — Année 1567, recettes 59638 livres; de messire Loys Sardiny 1471 liv.; du Roy nostre Sire par les mains de maistre Jehan de Ballin tresorier de son espargne 200 livres tournois; des exsecuteurs du testament de feu reverend pere en Dieu messire Loys Guillard naguyere evesque de Senlis la somme de 4000 livres tournoiz; de maistre Pierre Certon chappelin de la saincte chappelle du Roy nostre Sire 1040 livres. — Année 1567, dépenses 62640 liv. — Année 1568, recettes 59691 livres; du testament de Germain le Macon secretaire de la Royne de Navarre 100 solz; du Roy nostre Sire 500 livres aulmosnez aux puovres malades; de la Royne mere 48 livres; de monsieur le reverandissime cardinal de Lorraine 52 livres; du Roy nostre Sire a esté receu le quinziesme jour dapvril la somme de 15 livres que ledit sieur Roy a baillée et aumosnée manuellement a la prieuse dudict hostel dieu le jour du jeudi absolu qui visitoit les esglize et hospitaux de sa ville de Paris; de laumosne du Roy nostre Sire 866 livres pour prier pour la santé du Roy et le maintenir en sa *bonne oppinion* et *extripper les erreurs* de son royaulme; de haulte et puissante princesse dame Marguerite de France sœur du Roy nostre Sire 14 livres; de madame du Bouchaige 150 livres; dépenses 59878 livres. — Année 1569, recettes 63,333 livres; somme des pardons 3406 livres; de noble homme et saige maistre Robert Fournyer precepteur de monsieur dAllanson frere du Roy la somme de 25 livres; de noble homme maistre Jehan Morin conseillier du Roy et tresorier d'icelluy seigneur 150 livres tournois baillez audict hostel dieu par arrest de la Cour de Parlement pour raison de la maladerye de Brie compte Robert; de noble homme messire Robert de Coucy 1200 livres; dépenses 47,285 livres. — Année 1570. Recettes 55,605 livres; des exsecuteurs du testament de feu noble homme maistre Pierre Seguyer en son vivant conseillier du Roy nostre Sire 500 livres tournois; des exsecuteurs du testament de feu reverend Pere en Dieu messire *Phillebart Delorme* luy vivant abbé de St Siergue et chanoyne en leglize de Paris 400 livres; des exsecuteurs du testament de messire Loys Guillart 2000 livres tournois; de l'aumosne de la Royne mere 50 liv. tournois; dépenses 52,716 livres.

Année 1571 à 1580, 21 registres. — Année 1571. Recettes 52674 livres; de honorable homme maistre Jehan Gobelin esleu de Paris 20 livres; de la vente de quatre plats dargent donnez audict hostel Dieu par lambassadeur d'Espaigne le jour des nouvelles de la victoyre faicte contre le grand Turc 174 liv.; dépenses 56176 livres; a Gabriel Dargilliers faiseur dorgues 300 livres pour avoir par lui faict de neuf les orgues dudict hostel Dieu. — Année 1572, recettes 53390 livres; de la vente d'un pavillon de damas noir qui a esté donné par monsieur l'ambassadeur d'Espaigne 100 livres; de dame Marguerite Royne de Navarre par les mains de Gilbart de Beaufort son grand aumosnier 20 livres; de puissante princesse dame Claude de France duchesse de Lauraine 84 livres. Dépenses 52550 livres. — Année 1573 (les six premiers mois), 18e et dernier compte de Claude Coynart. Recettes 37979 livres; de messire Michel de Lospital chancelier de France 40 livres; de Nicolle Guillet laboureur demeurant a Charonne 15 livres pour la vente de la pierre de la démolition de la maladerye du pont de Charenton; dépenses 41375 livres. — Recettes des six derniers mois (point de total indiqué, les derniers feuillets ont été arrachés); des exsecuteurs du testament de feue madame la chanceliere Olivier 500 livres. Dépenses des six derniers mois 31036 livres. — Année 1574, recettes 63803 livres; de noble homme Guillaume du Prat seigneur et baron de Viteaulx 500 livres tournois adjugez audict hostel Dieu par arrest de la cour de Parlement; de madame de Brissac 50 livres; dépenses, 77268 livres. — Année 1575, recettes 73520 livres; somme des pardons 5604 livres; de la Royne de France par les mains du controlleur general de sa maison 30 livres; de laumosne de monsieur le reverendissime cardinal de Bourbon 52 livres; dépenses 52537 livres; a maistre Jacques Maraux medecin ordinaire dudict hostel Dieu 120 livres tournois. — Année 1576, recettes 60409 livres; de monsieur le conte du Bouchaige 642 livres; dépenses 54387 livres. — Année 1577, recettes 54346 livres; de messire Gilles du Fresnoy 1000 livres; de la vefve et heritiers feu monsieur le president Hannequin 300 liv. tournois; de maistre Francois de Vigny recepveur de la ville de Paris 165 livres; dépenses 51223 livres. — Année 1578, recettes 18504 *escuz soleil;* de la Royne regnante 9 escuz; de noble homme Jehan Potet seigneur du chasteau de Dampierre 16 escuz; de noble homme maistre Claude Marcel intendant des finances du Roy nostre Sire 83 escuz; dépenses 20373 *escuz soleil.* — Année 1579[1], recettes 21217 escuz soleil; du Roy nostre Sire la somme de 1000 livres tournois que Sa Majesté envoya le samedy dix huictiesme jour dapvril veille de Pasques qui furent aussitot employez en 75 couvertures vertes de Castellone et marqués d'une *h* couronnée; de damoiselle Gerarde Lebras en son vivant lune des dames de la Royne mère 16 escuz; dépenses 21753 escuz; — restant a payer de 14168 liv. mises en deppost audict hostel Dieu par madame la chancelliere de Lhospital suivant certain arrest de la court de Parlement 947 escuz. — Année 1580, compte premier de maistre Jacques de Besze bourgeois de Paris commis a faire la recepte generalle de l'hostel Dieu. Recettes 24148 escuz; des exsecuteurs du testament de deffunct Jehan Bourjani painctre florantin 33 escuz; de laumone de la Royne de France 10 escuz pistollets par les mains de madame la comtesse de Chauvillain;

1. Compte septiesme et dernier de maistre Ambroise Baudichon.

des heritiers de deffunct maistre Girard de Bryon 200 escuz; de laumosne de la Royne de France par les mains de madamoiselle de Boullencourt 15 escuz. Dépenses 23404 escuz.

Années 1581 à 1590, 18 registres (manque l'année 1590). — Année 1581, recettes 17628 escuz; des exsecuteurs du testament de deffunct honorable homme Jehan de Dampmartin 33 escuz; du testament de deffunct messire Emery de Rochechouart en son vivant evesque de Sisteron 665 escuz; de laulsmonne du Roy nostre Sire par les mains de madamoiselle de Boullencourt 23 escuz; de madame la présidente Seguier 200 escuz; des exsecuteurs du testament de deffunct maistre Jehan Stuart en son vivant doyen de la nation dAlemaigne 8 escuz; de madamoiselle Miron pour louverture de la terre pour ung de ses enffans inhumez au cymestiere des Sainctz Innocens. Dépenses 17247 escuz. — Année 1582, recettes 17636 escuz; de laumosne de la Royne de Navarre 29 escuz; de laumosne de madame la duchesse de Joyeuse 6 escuz; de noble homme Albert de Rosselet par les mains de Pierre de Gondi evesque de Paris 100 escuz; de honorable femme Marguerite Morisot femme de monsieur Nicolas Lambert chirurgien ordinaire du Roy 1 escuz. Dépenses 16694 escuz. — Année 1583, recettes 23391 escuz; de noble homme Charles de Rosieres valet de chambre ordinaire du Roy 100 escuz; de madame la duchesse de Retz 5 escuz; dépenses 23808 escuz. — Année 1584, recettes 21880 escuz; de laumosne du Roy par les mains de monsieur de Saint Prix 50 escuz; de laumosne de la Royne par les mains de madame de Rendan 10 escuz; de messire Georges de la Trimoulle baron de Rohan 333 escuz; de monsieur le commendeur de Birague exsecuteur du testament de monsieur le cardinal de Birague 50 escuz; de noble homme maistre Jherosme Valade medecin ordinaire du Roy. Dépenses 24529 escuz. — Année 1585, recettes 21143 écus; de la vefve de feu honnorable homme Jehan Gobelin le jeune executeresse de son testament 806 escuz; de messieurs du chappitre de Paris 200 escuz pour le rachapt de 16 escuz 40 sols de rente leguez audict hostel Dieu par deffunct maistre Pierre Pardessus doyen a la court et chanoine en ladicte esglise; deniers provenuz des questes et aulmosnes par les parroisses de ceste ville et faulxbourgs d'icelle 4858 escuz. Dépenses 26047 escuz. — Année 1586, recettes 28500 escuz; de laumosne de la Royne regnante 10 escuz par les mains de monsieur de

Belangreville son aulmosnier; de laumosne de monseigneur levesque de Paris la somme de 1000 escuz par luy donnez audict hostel Dieu; la somme de 2000 escuz adjugez par arrest de la cour de Parlement aux pauvres mallades de la contagion a prandre sur les biens de deffunct le seigneur de Belleville executé a mort par arrest de ladite cour du premier jour de decembre 1584; des executeurs du testament de deffunct monsieur le general Mosle par les mains de damoyselle Anne Tanneguy 100 escuz. Dépenses 27007 escuz. — Année 1587, recettes 31381 escuz; de monsieur le conte de Chauvillain la somme de 100 escuz an quoy par arrest du conseil privé du unziesme mars 1587 il a esté condempné anvers ledict hostel Dieu; de René et Anthoine Coippel 16 escuz; de la librayrie donnée audict hostel Dieu par deffunct maistre Jacques Scalquin prestre demeurant au college de Montagu deceddé a lhostel Dieu 76 escuz; de *monsieur Zamet* 200 escuz qu'il a aumosnez aux pauvres mallades; autre recepte a cause des aulmonnes faictes pour subvenir en achapt de bledz vins et aultres provisions necessaires tant en dons que prestz dargent et ce a cause de la charté desdicts bledz et vins 1642 escuz. Dépenses 33075 escuz. — Année 1588. Compte neufiesme et dernier de maistre Jacques de Besze. Recettes 25589 escuz; de monsieur de Mery executeur du testament de deffuncte madame la presidente de Thou sa mere 16 escuz; de laumosne de la Royne de France par les mains de Francoys de Chambor son varlet de chambre 10 escuz; de monseigneur le reverendissime cardinal de Gondi evesque de Paris 50 escuz; de noble homme maistre Jacques Violle 400 escuz; de laumosne du Roy par les mains de monsieur Marcel 500 escuz. Dépenses 23647 escuz; a Denis Fortier archer des gardes du corps du Roy 10 escuz pour avoir par lui gardé des gens darmes la ferme de Vert le Grand; a maistre Hardouin de Saint Jacques docteur en medecine et medecin ordinaire dudict hostel Dieu 133 escuz a cause de ses gaiges par chacun an. — Année 1589, compte premier de maistre Pierre de Besze; recettes 22721 escuz. Aultre recepte a cause de la queste faicte par les parroisses et maisons de ceste ville et faulxbourgs de Paris pour lextresme necessité qui est pour aujourdhuy audict hostel Dieu suyvant l'arrest de la court du Parlement en datte du 19e jour daoust 1589, 609 escuz. Dépenses 13699 escuz; à la trompette et l'un des archers de monsieur le grand prevost de la connestablie de France la somme de 2 escuz pour avoir par eulx porté les

lectres de messieurs les prevosts des marchans et eschevins de la ville de Paris a monsieur le vicomte de Thavannes grant mareschal de l'armée des catholiques concernant lexemption du logement des gens de guerre es fermes dudict hostel Dieu.

Années 1591 à 1598. 18 registres. — Année 1591, compte premier de maistre Françoys Hyeraulme; recettes 29254 écus; de lexecuteur du testament de maistre Jacques Helias, lecteur du Roy en lectres grecques en l'Universite de Paris 10 escuz; de Lisnart Cappel entremetteur des affaires du Roy dEspagne 4 escuz a laquelle messieurs les gouverneurs dudict Hostel Dieu ont compose avec lui; dépenses 8272 escuz, cy est faict despence de la somme de 36 escuz pour plusieurs voyages faictz vers le Roy de Navarre et son conseil pour obtenir sauvegarde et passeportz pour amener bleds vins et aultres provisions pour les pauvres dudict Hostel Dieu; item est faict despence de la somme de 15 escuz pour lachapt dune couppe dargent vermeil doree couverte donnee au cappitaine Gaillard cappitaine du chasteau de Choisy sur Sayne pour la faveur quil a faicte audict Hostel Dieu davoir laisse passer le boys vin et aultres provisions pour ledict Hostel Dieu et quil a promis faire cy-après. — Année 1592, recettes 17405 écus; de monsieur de Fresnoy colonel au quartier Sainct Honore 5 escuz provenant de partye de la confiscation de la vaisselle d'argent trouvee avecq les hardes de madame labbesse de Longchamp; dépenses 4802 écus; a maistre Hardouin de Saint Jacques medecin ordinaire dudict Hostel Dieu neant daultant que des lannee precedente luy auroit este declare quil ne pouvoit plus estre paye de ses gaiges pour lextresme necessite qui estoit audict Hostel Dieu joint quil ny avoit grand nombre de mallades aud. Hostel. — Année 1593, recettes 29296 écus; de monseigneur lillustrissime et reverendissime cardinal de Plaisance legat en France 15 escuz; des executeurs du testament de defunct Benoist Milon chevallier conseillier du Roy 2800 escuz, sçavoir 200 escuz en une promesse de ce dict recepveur de pareille somme a luy prestee pour lurgente necessite qui estoit lors audict Hostel Dieu et 2600 escuz en deux promesses faictes par monseigneur et dame les duc et duchesse de Mayenne; dépenses 9074 escuz. — Année 1594, recettes 35250 écus; de monsieur Ribault tresorier de Monsieur de Mayenne 200 escuz; de noble homme maistre Jacques Parfaict conseillier du Roy et president en sa cour des monnoyes la somme de 3000 escuz pour laquelle messieurs les gouverneurs dudict Hostel Dieu ont vendu audict Parfaict ledit estat et office legue aux pauvres malades par defunct noble homme maistre Claude Parent dernier paisible possesseur dicelluy; dépenses 10052 écus. — Année 1595, recettes 38630 écus; dépenses 13181 écus. — Année 1596, recettes 43772 écus; de Loys de Saveuse escuyer 300 escuz; de mademoiselle Scaron 5 escuz; de monsieur le tresorier de lespargne 340 escuz de laquelle le Roy a faict don aux pauvres mallades dudict Hostel Dieu sur les deniers du commerce de lannee derniere, du sieur de la Haye maistre orphevre a Paris la somme de 700 escuz sur et tant moings des deniers par lui receuz pendant les troubles pour employer a la fabrication dune navire dargent vouee a Nostre Dame de Lorette icelle somme ordonnee par la court estre remise es mains de ce dict recepveur pour employer a la nourriture des pauvres mallades dudict Hostel Dieu; dépenses 18331 écus. — Année 1597, recettes 44918 écus de reverendissime cardinal de Gondy evesque de Paris 200 escus; de monsieur le thresorier de lespargne maistre Balthasard Gobelin la somme de 1000 escuz de laquelle le Roy a faict don et aulmosne aux pauvres mallades dudict hostel Dieu sur les deniers provenans du subside et imposition nouvelle de ceste ville de Parys; dépenses 17616 écus; a Mathieu Jacquet dict de Grenoble maistre sculpteur et paintre a Paris la somme de 5 escuz pour ung epitaphe faict par ledict de Grenoble et par luy mise et apposee dans le cœur dudict Hostel Dieu pour executer la vollonte de maistre Loys Robin, prebtre. — Année 1598, recettes 60265 écus; de Monsieur le duc dEpernon 40 escuz; de Charles de Taize, sieur de Varize, prisonnier des prison de la Conciergerie du pallais la somme de 200 escuz en laquelle il a este condemne envers ledict Hostel Dieu; de messire Alexandre de la Rochefoucault conseiller et aumosnier du Roy et prieur de sainct Pourcain 2633 escuz; de monsieur le tresorier de lEspargne maistre Etienne Puget la somme de 1000 escuz de laquelle le Roy auroit faict don audict Hostel Dieu; dépenses 20494 écus. — Année 1599, recettes 67684 écus, de Jacques Barlot prisonnier en la conciergerye du Palais 333 escuz; de dame Jehanne de Cosse, femme du s[r] viconte de Rochepot, la somme de 50 escuz en laquelle ladicte dame a este condempnee envers les pauvres dudict Hostel Dieu; de maistre Vincent Bouhier, conseiller du Roy et tresorier de son espargne, la somme de 1000 escuz de laquelle le Roy auroit faict don aux pauvres dudict Hostel Dieu a prendre sur les deniers des droictz de gabelle.

Fonds de l'hôpital Saint-Jacques-aux-Pèlerins.

Les détails dans lesquels M. Bordier est entré dans son mémoire sur l'hôpital Saint-Jacques, les nombreux documents qu'il a analysés, me dispenseront de donner de ce fonds, le plus important de nos Archives après celui de l'Hôtel-Dieu, un inventaire aussi étendu; je me bornerai donc à quelques pages qui résumeront très-rapidement les 23 feuilles d'impression que j'ai consacrées à ce vieil hôpital parisien au tome III de notre inventaire.

Liasse 2 (la liasse 1re est en déficit), 9 parchemins, 12 pièces papier, années 1298-1329.

Lettres patentes du roi Louis X, par lesquelles ce roi permet aux bourgeois de Paris et aux autres qui, dans un but de dévotion, se rendent auprès du bienheureux saint Jacques, de se réunir en la maison des Quinze-Vingts de Paris pour s'y occuper de leurs affaires spirituelles et temporelles (Vincennes, juillet 1315). — Rente annuelle de 10 sous parisis constituée par Guillaume de Charny et par Jehanne, sa femme, au profit de la confrérie de Saint-Jacques, à prendre sur une maison sise ès halles, devant le puits Lori, à charge d'un service annuel à célébrer après le décès des fondateurs en l'église Saint-Eustache (1298). — Pierre de Vaux, prêtre « thresorier de lospital monseigneur Saint Jaques des pelerins nouvelement fonde a Paris emprez la porte Sainct Denys » et trois chapelains dudit hôpital s'engagent à célébrer chaque mardi une messe pour le salut de l'âme de feu Gille de Chevreuse « jadis frepier et bourgeois de Paris » (1326). — Acte de constitution d'une rente de 162 livres 13 sous par Charles de Valois et 79 autres personnes pour la dotation des chapelains de l'église de Saint-Jacques l'hôpital (1323). — Donation par Guillaume de Vertu, au profit de l'hôpital Saint-Jacques, d'une somme égale à celle qu'un tailleur de pierres et son valet pouvaient gagner en 40 jours de travail (1328). — Vidimus de l'acte de donation par Guillaume au long nez, anglais, au profit de l'église Saint-Jacques l'Hôpital, de tous ses biens meubles et immeubles (1327). — Fondation d'une rente de 12 livres 14 sous, au profit de l'hôpital Saint-Jacques, par Nicolas le Loquetier; accord avec les maîtres dudit hôpital pour l'exécution de cette fondation (1329).

Liasses 3 à 5, 61 parchemins, 23 pièces papier, années 1329 à 1482.

Actes de fondation et de donation au profit de l'hôpital Saint-Jaques par Philippe de Cormeilles, Jehanne Dufaut, Jehan de Monceaux, Pierre de Meudon, Jehan de Troyes, Jehan de Centnoiz, Pierre de Villiers, Jehan Nicolas, Guillaume de Saint-Denis, Nicolas Potier, Maugier de Cayeu, Jehan de Senlis, Alice de Gentilly, Thomas d'Anneville, Guillaume Robiolle, drapier, Jacqueline d'Epernon, Guillaume d'Ermenonville, drapier, Gille, femme de feu Geoffroy le Quentoys, cervoisier, Ysabeau la boutonniere, Pierre de la Ferté, orbateur.

Liasses 6 à 11 (moins la liasse 7e), 79 parchemins, 42 pièces papier, années 1321 à 1466.

Actes de fondation au profit de l'hôpital Saint-Jacques par Pierre Filion, tavernier, Giles de Dampmartin, Jehan de Cormeil. Acte par lequel l'archevêque, le doyen et le chapitre de l'église de Compostelle reconnaissent avoir reçu de Mathieu de Frarmes, chevalier d'honneur et envoyé du roi de France Charles V, la somme de 3000 flor. d'or donnée par led. Roi en son nom et au roi Philippe VI, pour la constitution d'une rente de 120 doublons d'or devant servir à la dotation de trois chapelainies en la chapelle derrière le grand autel de l'église de Compostelle (1372). Acte de fondation et de donation par Agnès, veuve de Robert Jouan, aumussier et bourgeois de Paris, par Giles Galois, conseiller du Roy, Jacques de Cagny, prêtre, Blavot Denis, Aalips, femme d'Arnaut de Biscarret, marchand de chevaux, Marie, femme de Jehan de Lavalée, Pierre à l'Épée, avocat au Châtelet de Paris, Marie, veuve de Simon Catier, Gieffroy le tavellier, Jehan Barraut, Hervé Roussel, curé de Saint-Jacques de la Boucherie, Jehan de Ortry, conseiller au Parlement, Jehan Violette, Giles de Clamecy, garde de la prévôté de Paris, Philippot du Boc, boulanger du Roi, Nicole la Pichonne, veuve de Jean Pichon en son vivant varlet de chambre et sonneur du Roi, Guillaume Pizdoe, Jehan de Compiègne, marchand et bourgeois de Paris, Geoffroy Olivier, chanoine, Pierre Chabridel notaire du Roi, Denis de Brieres, Gilles Jubinot, curé de la ville l'Evêque, Guillaume Griperel, Etienne Yver, archidiacre de l'église de Rouen, Jeanne de Gentilly, Simon de Saint-Benoist, Aubert le Maréchal, Allemand, maréchal du Roi, Gilles Gallois, seigneur de Luzarches, maître d'hôtel du Roi, Macy de Flory, écuyer, Perrenelle de Beauquaire. Bulle du pape Jean XXII donnant commission à l'évêque de Beauvais et à Geoffroi du Plessis, notaire apostolique, de s'assurer si les revenus de l'hôpital Saint-Jacques suffisent à l'entretien de la chapelle que les confrères demandent l'autorisation de fonder et de mettre d'accord le curé de Saint-Eustache avec lesdits confrères, au sujet des droits curiaux (Avignon 18 juillet 1321). Lettres de fulmination de la bulle de 1321 par Jean, évêque de Beauvais et Geoffroi du Plessis, notaire apostolique, portant que l'hôpital St-Jacques étant pourvu d'une dot suffisante et les confrères dudit hôpital s'étant accordés au sujet des droits paroissiaux avec le chapitre de Saint-Germain l'Auxerrois et le curé de Saint-Eustache, lesdits confrères sont autorisés à achever la construction de l'hôpital et de la chapelle, à avoir un cimetière et une cloche du poids de 200 livres.

Liasses 12 à 15, 64 parchemins, 65 pièces papier, années 1298-1721.

Actes de fondation et de donation au profit de l'hôpital Saint-Jacques par Jean Beauquaire, Aubertin Lalemant, maréchal, Robert Duval, orfèvre, Mahieu d'Auteville, Pierre Robert, doyen de Saint-Germain-l'Auxerrois, Marguerite de Jeurre, Jean le Gourrelier, chanoine, Jeanne de Rueil, François et Jean Ferrebourg, Jeanne Tarin, Robert Pinot, Jacques Mesnard, chanoine de Saint-Jacques, Marie de la Valée, Perrette Bras de Fer, Catherine de Barenton, Nicolas Feret, marchand drapier, Guillaume Pelet, chanoine de Saint-Jacques, Catherine de Livres, Adenete Quatrelivres, Étienne Roussel, Jean Despreaux, chanoine et trésorier de Saint-Jacques, Nicole Jourlaine, Perrette Chandelier, Guillaume Pasquier, marchand drapier, Catherine Rive, Pierre Dolet, chapelain de Saint-Jacques, Perrette Garson, Pierre Jouvin, Élisabeth Cramoisy, Nicolas Le Secq, chauffe cire et scelleur en la grande et petite chancellerie, Jean Gerard, doyen des chanoines de Saint-Jacques, Nicolas Bourlon, échevin, Pierre de Monceaux, grand audiencier de France, Charles Tuppin, chapelain ordinaire du Roi, Michel Imbault, Pierre Belin, chanoine de Saint-Jacques.

Liasses 16 à 19 (manquent les liasses 17 et 18), 37 parchemins, 8 pièces papier. Années 1322 à 1515.

Lettres-patentes de Charles IV, roi de France, amortissant au profit des confrères de Saint-Jacques 40 livres de rente à prendre dans les censives du Roi ou ailleurs (Quievreville, mars 1322). Lettres patentes de Philippe de Valois portant confirmation des lettres patentes de Charles IV et amortissement de diverses maisons situées à Paris (1340). Rotule contenant « les acques fais par leglise de lospital Saint-Jacques les la porte Saint-Denis a Paris tant par tiltre de dons de lais ou daumosnes comme par tiltre dachat ou autrement depuis le temps de 40 ans fenissans lan mil 374 ». Déclaration des rentes appartenant à l'hôpital Saint-Jacques fournie aux commissaires des francs-fiefs et nouveaux acquêts (1409). Lettres de cession et d'amortissement par les religieux de Saint-Martin-des-Champs, à l'hôpital Saint-Jacques, du droit de propriété appartenant auxdits religieux sur la maison de la Pomme de pin en la grand rue du Temple (1451). — Sentence arbitrale entre les maîtres et gouverneurs et les trésoriers et chanoines de Saint-Jacques réglant plusieurs points de juridiction litigieux entre eux (1494). Défense aux chapelains de louer tout ou partie des maisons qu'ils occupent sans le consentement des maîtres et gouverneurs (1515).

Liasses 20 à 24, 132 parchemins, 118 pièces papier; années 1470-1657.

Conflits entre les chanoines et les gouverneurs de Saint-Jacques (1525). Procès-verbaux dressés par Louis de Montmyrel, conseiller au Parlement, l'un des juges commis à la réformation des hôpitaux, et par Martin Bragelongne, lieutenant particulier du Châtelet, contenant plusieurs réglements pour l'hôpital Saint-Jacques (1588). — Sentence des Prévôt et échevins de la ville de Paris ordonnant que les maîtres et gouverneurs de Saint-Jacques payeraient les sommes auxquelles sont imposés les trésoriers et bénéficiers, sauf à faire emploi desdites sommes dans leurs comptes (1553). — Sentence du Châtelet réglant l'assistance des chanoines aux *saluts* (1555). Informations, interrogatoires, sentences du prévôt de Paris, arrêt du Parlement et autres pièces d'une procédure criminelle intentée par les maîtres et gouverneurs de Saint-Jacques contre Nicolas Godefroy et Jean Vasse, chapelains de Saint-Jacques, pour cause d'injures et voies de fait (1579-81). — Requêtes des gouverneurs tendant à ce que Michel de Boulogne, Jean Bertrand et Vincent Audry, chapelains, ne puissent avoir à leur service que des chambrières *non suspectes et d'ancien âge*. Sentence de l'officialité autorisant les gouverneurs à vendre diverses pièces d'argenterie pour le payement des distributions à faire aux chapelains et chanoines (1591). — Certificat signé des proches voisins de Saint-Jacques attestant l'état de délabrement de l'église et la mauvaise administration des maîtres et gouverneurs (1596). — Transaction entre les maîtres et gouverneurs d'une part, et, d'autre part, les trésorier, chanoines et chapelains, réglant toutes les questions qui avaient fait l'objet de nombreuses contestations entre les deux parties (1602). — Mémoire des *galanteries* qu'est tenu de faire le bâtonnier de la confrérie (1616)[1]. Cahier contenant la copie de bulles relatives à Saint-Jacques, la liste des tresoriers de l'église de 1326 à 1528 et un abrégé historique de l'hôpital (XVIe siècle). — Requête adressée par les bâtonniers aux maîtres et gouverneurs tendant à faire adopter le cérémonial qu'ils proposent pour le port du bâton de la confrérie (XVIe siècle). — Sentence du Châtelet de Paris faisant défense « a tous nouveaux pellerins de commettre aucun scandal ny insolence en ladite eglise de St-Jacques de porter ou faire porter aucunes targes, bouquetz, bassins, mesmes dy faire aucun pain benit ny en faire porter en la procession ny faire aulcune assemblée dances ny y mener tambourgs et flustes » (1616). — Lettres patentes du Roi Henri IV adressées à son grand conseil pour maintenir les droits et priviléges de l'hôpital Saint-Jacques et soustraire cet établissement à l'édit du mois de juin 1606, relatif à la réformation des hôpitaux et maladreries (1607). — Arrêt du Parlement ordonnant que maître Philippe de Rosnel remplacerait le s^r Bourgeois en qualité de maître et gouverneur de Saint-Jacques l'hôpital, que les deux autres gouverneurs seraient continués dans leurs fonctions et que, par forme de provision, les sieurs Brisset, Delavau, Cramoisy et Gon administreraient les revenus de l'hôpital pendant tout le temps que durerait le procès entre les maîtres et gouverneurs et les ecclésiastiques (1635). — Requête des nouveaux admi-

1. Voy. 2e partie, p. 168.

nistrateurs contre les anciens qui avaient refusé de leur ouvrir la porte du Bureau pour y délibérer (1636). — Réglements et ordonnances de Jean Tronson, conseiller au Parlement, commissaire député pour entendre les contestations entre les ecclésiastiques et les gouverneurs de Saint-Jacques, ceux-ci accusant les premiers d'être « gens oisifs et soliciteurs de proces desirant avoir le bien de ladite eglise et hospital pour le menger et dissiper et quilz avoient faictes des baptures et oultrages a la personne du clerc qui a charge de ouvrir et fermer les portes du cloistre, leffraction desdites portes pour faire entrer et mener en leurs chambres femmes et filles dissolues » (1519-1545).

Liasses 25 à 29, 225 parchemins, 115 pièces papier. Années 1319-1645.

Charte de l'official de Paris autorisant les confrères de Saint-Jacques à faire des quêtes pour la construction de leur hôpital (1319). — Bulle du pape Jean XXII autorisant les confrères de Saint-Jacques à recevoir dans leur confrérie ceux qui, malades ou affaiblis par l'âge, et n'ayant pu faire en personne le pèlerinage de Compostelle, le feraient faire par d'autres ou donneraient à l'hôpital une somme équivalente aux frais du voyage qu'ils ne pouvaient faire (4 mai 1325). — Lettres de Philippe, archevêque de Sens, accordant des indulgences à tous ceux qui visiteront l'autel de Saint-Simon et Jude, en l'église de Saint-Jacques l'hôpital, et y feront des offrandes (1399). — Indulgences accordées par les papes et cardinaux Paul II, Caietan, de Plaisance, Gregoire XV, Urbain VIII, Innocent X. — Nomination par le Roi Charles VI de Jehan dit Vennet en qualité de frère de l'hôpital Saint-Jacques; les maîtres et gouverneurs contestent au Roi le droit de nomination qu'il croit posséder à titre de joyeux avénement; sentence par défaut déboutant ledit Vennet de ses prétentions (1382). Quittances des sommes payées par l'hôpital Saint-Jacques pour la fortification de Paris (1555-1565). Lettres patentes du roi Charles IX et ordonnances rendues en conséquence par les cardinaux commissaires députés pour le rachat des biens aliénés de l'église de Paris, exemptant l'hôpital Saint-Jacques de toutes contributions à ce rachat (1565-1575). Arrêt du Conseil portant que les maîtres et gouverneurs de Saint-Jacques seraient dispensés de rendre leurs comptes en la *Chambre de la charité chrétienne* et qu'ils le rendraient de la manière accoutumée (1607). — Lettres de provisions, démissions, nominations de chapelains (1334-XVIIe siècle). — Sentence de l'Official autorisant les maîtres et gouverneurs à réédifier la voûte de l'église qui menaçait ruine, pour placer plus décemment l'une des reliques de l'église, la mâchoire de Saint-Eustache, présent d'une reine de France (1513). La confrérie des arbalétriers et *artilliers* de la ville de Paris s'engage à payer une somme annuelle de 20 sols parisis aux maîtres et gouverneurs de Saint-Jacques en reconnaissance de ce que leur confrérie est établie dans ladite église et de ce qu'ils se servent des ornemens et de la cloche de Saint-Jacques pour le service de leur chapelle (1500). — Achat pour les confrères des maisons « qui ont este converties en ledifiement de lospital de Saint-Jacques (1319-25). — Baux de maisons appartenant à l'hôpital (XVe et XVIe siècles).

Liasses 30 à 34, 164 parchemins, 14 pièces papier, années 1283 à 1639.

Actes de vente, d'achat, d'échange, baux passés par l'hôpital ou à son profit, actes divers intéressant l'hôpital et des particuliers tels que Claude Blanchard, maître aiguilletier, Étienne le Bourdonnier, clerc, Jean de Basselot, bourgeois de Paris, Guillemin de Cormeilles, Simon de Sestre, cervoisier, Jean Boucher, chandelier de suif, Nicolas Parent, marchand cordonnier, Raoullet Yves, maître savetier, Jean Buymont, Hervieu de Léon, sire de Noyon, Marguerite d'Avaugour, Jean d'Épernon, orbateur, Thierry Lecharpentier, épicier, Jacques Dupuis, receveur des aides de la guerre à Paris, Jean Patin, notaire au Châtelet, Jean de Clèves, maréchal, Pierre Lessanglier, marchand, Jacques Spifame, conseiller au Parlement, Claude Bobye, marchand joaillier, Denis Germain, batteur d'or, Guillaume Bellin, marchand, Pierre et Roberge de Nesles, Jean le viconte, hôtelier, Simon le Dean, cervoisier, Louis Leconte, notaire au Châtelet, Pierre Filion, marchand, Pierre de Malestin, Jean Demain, chanoine, Arnoul de Lagrange, Adam Sequence, maire du fief de Therouanne, Philippe de Gisors, Pierre de Meudon, potier d'étain, Guillaume Borart, Thomas Letellier, potier d'étain, Aimery de Leirac, marchand, Noel Baillet, poissonnier d'eau douce, Colin de Villeneuve, potier d'étain, Sancelot de Saintilly, Yves Meilart, chapelain, Thomas de Saint-Benoît, Étienne Clegin, Jacques de Senlis, bourgeois de Paris, Jean de Belay, fondeur de la Monnaie, Nicolas de Beaumont, brasseur de bières et cervoises, Pierre des Essarts, Regnault le Paonnier, bourgeois de Paris, Jean Lemire, Ysabeau de Rueil, Garnier Robiole, Jean Musterolle, orfèvre, Clément Ferrant, marchand lanternier, Jean-Pierre Viel, Jean de Saint-Lucien, Jean Buc, couvreur, Étienne Lemire, sergent d'armes du Roi.

Liasses 35 à 39, 185 parchemins, 5 pièces papier, années 1256-1603.

Actes de vente, d'achat, d'échange, de donation, baux passés par l'hôpital ou à son profit, actes divers intéressant l'hôpital et des particuliers tels que Grassine Balay, Isabeau le gallois, Regnaud Potier, Jean de Pontoise, tavernier, Jean de Villiers, potier d'étain, Guibour de Viliers, Colin Dupont, mercier, Pierre Lyon, maître apothicaire, Marin Tornant, maître patenostrier, boutonnier d'émail, Jean Maugarde, notaire au Châtelet, Pierre Chopine, chapuiseur, Jean de Gentilly, drapier, Étienne Guilegan, bourrelier, Guillaume d'Ermenonville, Robert et Agnès Joan, Berthelot, Alardin, marchand de laines, Guillaume Guillet dit Lemaire, changeur et bourgeois de Paris, Enguerrand de Longueau, écuyer, Jean Joduin, orfèvre, Simon de Dampmartin, changeur, Raoullin Donaire, bonnetier, Jean le Port, potier d'étain, Jean Coquet, Pierre de la Ferté, orbateur, Richard Desnefs, bourgeois de Paris, Guillaume Lescot, Guillaume Deschamps, peintre, Jean Duchin, marchand, Pierre Marcel, drapier, Jean Argence, Nicole Leloquetier, Guillaume Pisdoe, Jean de la Nasse, Guillaume Ligier, Jean Cuer dit le Moine, clerc, Guillaume de Hedin, Guillaume de Saint-Denis, Jean Taillefer, Martin Halle, boulanger, Pierre Filion, cervoisier, Guillaume de la Marche, Gautier le Sénéchal, huissier du Parlement, Gilles Galois, maître d'hôtel du Roi, Pierre Courtin, Jean de Dampmart, valet de chambre du duc de Berry, Jean Choart, procureur au Châtelet; Pierre Mandolle, contre garde d'argent de la Monnaie de Paris, Perrin Desmarques, marchand, Nicolas Marc, écuyer de cuisine de la Reine, Hugues des Ryaux dit Menjart, premier queu du Roi, Robert le Fèvre, potier d'étain, Mahaut de Baubigny, Hance-le-Noir, Gilet Dupuis, couvreur de tuiles, Pierre de Mons, monnoyer du seigneur de France, Oudin Cymeu, charron, Jean Jure-Dieu, Denis Cappel, Pierre Belin, marchand, Jean Foucaut, marchand épicier, Jean Peirée, procureur au Châtelet, Nicolas Jacquelin, marchand pelletier, Pierre Roze, voiturier par terre, Thomas du

Quay, Oudin Cymore, Henri de Laval, marchand fripier, Pierre Perrée, avocat, Catherine Ducerf, Jacques Ferrecoq, marchand, Jean Helayne, maître maçon, Jean Demain, curé d'Aubervilliers, Gauthier de Croquemont, Pierre de Perone, Robert de Marly, Audry Dancoigny, tanneur, Denise Cave, Jean Dumoustier, Guillaume Congnart, mercier, Jean Lamacque, Étienne Lebourdonnier, clerc, Jean Legrand, valet du Roi, Adam Langlois, avocat au Châtelet, Jean Scambue, changeur, Hermant Poulain, Robin de Hedincourt, imagier, Guillaume de Nonches, Mathieu de Beauvais, pelletier, Robert de Montdidier, Jean de Crequi, tapissier, Jacques de Verdun, Regnaut Lepaonnier, Geoffroy Lallemant, notaire au Châtelet, Rogier de Paris, chaudronnier, Guillaume de Fontenay, Guillaume Letavelier, Agnès de Monceaux.

Liasses 40 à 44, 179 parchemins, 7 pièces papier, années 1267 à 1588.

Actes de vente, d'achat, d'échange, de donation, baux passés par l'hôpital ou à son profit, titres nouvels, sentences du Châtelet et actes divers intéressant l'hôpital et des particuliers tels que Guillaume Le Flamenc, drapier, Michel le Flamenc, changeur, Sanceline Lecordier, Jean de Fontenay, tavernier, Guillaume Godevan, huchier, Jean de Lille, argenteur, Genevieve de Garennes, Vincent Lemaire, marchand, Alexandre Lescot, Jean de Gisors, cordier, Pierre le Norroys, changeur, Guillaume Robiole, drapier, Thomas le Bœuf, sergent à verge du Châtelet, Aales de Lorriz, Hermant de Treves, voiturier, Bertrand Lebut, ferron, Pierre Courtin, clerc, Jean Martel, Thomas de Nully, Jacques Testart, couratier de sel, Robert Lebasennier, Guillaume Monnin, tailleur de pierres, Mace Raverdi, charpentier de la grande cognée, Étiennette Tonnel, Innocent et Joseph Auberon, Jean Pascault, Guillaume Charron, Nicole Deauge, harengiere, Jean Gadier, poissonnier d'eau douce, Philippot de Verbière, cordonnier, Nicolas Fremin, Jean Dufour, pâtissier de la Reine, Denis de Corbeil, Jean pied de fer, tisserand, Garnier de Chartres, tanneur, Robert Chartrain, écuyer, Regnier de Montigny, Charles de Cambore, secrétaire du Roi, Clardin de la Coupelle, marchand, Michel Rigault, chapelier, Jean Cothereul, Julien Ymelon, Huittaute de Plaaly, Jean Lescot, tailleur de robes, Pierre Bourcier, chanoine de Saint-Jacques, Étienne de la Rivière, chirurgien ordinaire du Roi (1558), Jean Lecone, bourrelier, Henri Hacquin, peintre, Arnoul de la Hautemaison, Geneviève des Garennes, Jean d'Epernon, orbateur.

Liasses 45 à 49, 188 parchemins, 38 pièces papier, années 1293 à 1584.

Actes de vente, d'achat, d'échange, de donation, baux passés par l'hôpital ou à son profit, titres nouvels, sentences du Châtelet et actes divers intéressant l'hôpital et des particuliers tels que Girart Lebreton, poissonnier de mer, Agnezot Rigolet, Jean Maulin, conseiller clerc des comptes, Jean de Vitry, conseiller au Parlement, Herbin Flobert, procureur général au Châtelet, Guillaume Desprez, grand fauconnier du Roi, Jeanne Bracque, Jean Chopin, Guillaume de Montpincon, Adam de Sucy, tonnelier, Pierre de Senlis, drapier, Beaudoin Alain, doyen de Gournay, diocèse de Rouen, Jean de Paris, boursier, Jean Valsurlesgne, tonnelier, Jean Thomas, monnoier et poissonnier de mer, Valentin Dufossé, chapelier de feutre, Guillaume Nicolas, boulanger du duc d'Anjou, Jean Frogier, bourgeois de Paris, Nicolas Jacquelin, marchand pelletier, Jean Perret, procureur général au Châtelet, Macy de Gisors, geôlier au Châtelet, Guillemin Paveillon, tailleur de robes, Jacques de Gentilly, drapier, Jeanne La Mauloufe, Michel Tyrel, linier et marchand de lin, Audriette de Bois Aurein, Girard de Coste, orbateur, Adam Donjan, greffier civil de la prévôté de Paris, Pierre Papillon, seigneur de Paray et d'Ansac, Marguerite Cossé, Alexandre aux Buleciaux, Malu Darras, marchand mercier, Jean de Troyes, fruitier du Roi, Pierre des Essarts, Pierre Filleul, procureur général au Châtelet, Jean le Danoys, maçon, Nicolas de Bouleton, Pierre Sermon, Simon et Pierre de Rueil, Pierre de Senlis, Denis Guillaume, Jean Poiret, mercier, Jacques Delacourt, Assiau dit de May, garde des halles des drapiers de Beauvais, Pierre de Pontferron, Gilles Galais, Jean Legrand dit de Basemont, Michel de Fougières, tailleur de robes, Jean Guyot, marchand fripier, Henriet de la Fontaine, marchand fripier, Guillaume Girard, fondeur et doreur, Pierre de Bièvre, dit le Hongre, Jean d'Issy, Guillaume de Louvier, Jean des Fossez, Bertaut de Dampierre, Nicolas de Dampierre, Maugier de Bayeux, Pierre de St-Denis, émailleur, Jean Viart, épicier, Jacques de Gentilly, Jean longue épée, Jean de Beelay, Jeanne de Bonières, Imbert Deschamps, Thomas Bustangnier, procureur au parlement, Guillaume Blanche, marchand fripier, Guillaume Levallois, vendeur de poisson de mer.

Liasses 50 à 54, 209 parchemins, 24 pièces papier, années 1314 à 1615.

Actes de vente, d'achat, d'échange, de donation, baux passés par l'hôpital ou à son profit, titres nouvels, sentences du Châtelet et actes divers intéressant l'hôpital et des particuliers tels quel Gassin Brulle, Pierre Gautier, changeur, Bureau de Malinguehein, Michel Dessivot, maréchal, Nicolas Drouart, marchand, Guillaume Parent, Nicole Lescur, prêtre, Simon Lecoutelier, Hugues Feret, marchand drapier, Pierre de la belle Borde, Jacques Guillet, Jean de Goumeux, pelletier, Pierre de Malines, Guillaume Roullard, Jean Paston, Robert Sevet, mercier, Denis Cave, Guillaume de Jouy, avocat au Châtelet, Guillaume Lescot, Raoul de Tirechappe, Thomas Danneville, talemelier, Pierre de Bailli, pelletier, Simon Damiens, marchand de toiles, Geoffroy de Fleury, tresorier de France, Philippe de Gentilly, drapier, Philippe Jourdain, marchand de grains, Guillaume le Marie, huissier de la chambre des enquêtes du palais, Guillaume d'Ornanville, marchand de draps, Jean de Tournay, Jean Beaucaire, drapier, Jean de Brunetot, chevalier, Mauger de Cossigny, drapier, Thomas Lointier, Pierre de la Ruelle, marchand, Marguerite de Dicy, Pierre Galet, maître ès arts en l'Université de Paris, Arnoul Alouf, maître ès arts, Jean Langlois, marchand cordier, Jean Moifayt, Simon de Neufville, receveur de la ville de Paris, Raoulin Hardouin, marchand boucher, Thomas Leschivaut, Simon Finet, teinturier, Claude Leloup, maître bonnetier, Jean Lescuyer, conseiller en la cour des comptes, Jean de Charny, barbier, Jean de Cent nois, marchand drapier, Maugier de Caieu, poissonnier de mer, Jean de Compiègne, monnoier, Gauthier de Lapointe, *pastoier,* Jean de Sens, Simonnet Lemercier, serrurier, Jean Puimorin, Jean de Paris, pâtissier et *oubloyer,* Jean Bonjant, tonnelier, Simon le Jay, Jean Olart, commissaire examinateur au Châtelet, Jean de Laboure, épicier, Pierre Filion, marchand, Louis Gariel, Gervais Drouart, maçon, Hugues des Marais, maraîcher, André Paroisse, Adam de la Poterne, Pierre Bérenger dit le ménager, huissier de chambre de madame la duchesse de Normandie, Jacques de Cagny, prêtre.

Liasses 55 à 59, 245 parchemins, 13 pièces papier, années 1307 à 1574.

Actes de vente, d'achat, d'échange, de donation, baux passés par l'hôpital ou à son profit, titres nouvels, sentences du Châtelet et actes divers intéressant l'hôpital et des particuliers tels que Jean de Reims, changeur, Jean Baillet, poissonnier, Robert Tumberel, orfèvre, Martin de Coulommiers, huissier de salle du Roi, Guillaume Benoît, chapelain de l'église de Mantes, Guillaume de Juilly, écuyer, Denis Gibert, marchand fripier, Jean Carré de Licte, clerc, Aveline la Pellière, Jean Cadot, orfèvre, Robert de Nucemeu, Pierre Solas, procureur au Parlement, Yves Derian, secrétaire du Roi, Philippe Potier, Guillaume Prevost, brodeur du Roi, Robert Bochet, potier de terre, Raoul de Chamenay, Guillaume Barel, Jean de Brunetot, chevalier, Huguet de Hallyes, sergent à verge au Châtelet, Jean Petit, maçon, Jacques Loynel, maître couvreur, Pierre Hervy, orfèvre, Pierre Dolay, chanoine de St-Jacques, Parquette Chassebras, Thibaut Daucuerre, Adam Ruffaut, Marie Lallemand, feutrière, Jean Nileguart, marchand de chevaux, Michel le Harivel, Guillaume de Melun, Lucas Guerout, charpentier, Jacques d'Oisery, Jean Brice de longue-raie, Nicolas Preudomme, ménétrier du Roi, Oudart le Tavelier, écuyer, Pierre Meresse, premier chapelain de la Reine, Jean Beaudouer, affineur d'or, Jean Pichon, valet de chambre et foureur du Roi, Simon de Saint Benoît, Marguerite de Gournay, Jean de Renes, procureur général au Châtelet, Jean Lienard, procureur général au Châtelet, Guillaume Parent, échevin de Paris, Guillaume de Mailly, Guillaume le Flamenc, drapier, Perrin Boute, Jean de Compans, Pierre Orbec, dit de Louvain, Nicolas Dierre, Guy de Laon, trésorier de la chapelle royale, Jean de la Boueste, Berthelot de Nelle, Nicolas Arode, changeur, Jean Aubour, dit le maire d'Ivry, Pierre Alépée, Pierre Boileau, Regnaut Lemoine, garde des sceaux de la prévôté de Paris, Pierre Remon, Jean Poinglasne, Guyard d'Alery, poulailler, Guillaume Mortaing, pâtissier, Nicolas Gaffart, orfèvre, Etienne Quinepeut, marchand, Henri Maréchal, anglais, Regnaut Barbou, Guillaume Pizdoe, Colin Esmere, Denise la Kalenderesse, Guillaume de Jouy, Jean Belin, talemelier, Jean Rousseau, orfèvre, Jean Maugarde, notaire au Châtelet, Jeannin Morisse, ouvrier de la monnaie, Jeanne Vereil, Girard de Helbuterne. — Vidimus par le prévôt de Paris des lettres patentes du Roi Philippe le Bel (août 1312), accordant à Regnauld Barbou deux cents livres de rente à prendre sur les revenus de la grande arche du grand pont de Paris, en échange d'une maison appartenant audit Barbou, achetée et démolie par ordre du Roi pour l'agrandissement de son palais (1342).

Liasses 60 à 64, 278 parchemins, 39 pièces papier, années 1282 à 1627.

Actes de vente, d'achat, d'échange, de donation, baux passés par l'hôpital ou à son profit, titres nouvels, sentences du Châtelet et actes divers intéressant l'hôpital et des particuliers tels que : Yves Micheut, avocat au Châtelet, Henri Louvenain, Henri Masson, boulanger, Jean du Coudray, Jacques de Mally, apothicaire, Jean dit Maudouint, procureur au Châtelet, Jean Ledannois, maçon, Achille Jubinot, chanoine de Saint-Etienne de Meaux, Huguet Blondeau, marchand de bestiaux, Guillaume Margerie, changeur, Jean Morin, prêtre, Arnoul Leflamenc, conseiller clerc au parlement, Jean de Silly, tavernier, Jean de Fontenay, tavernier, Robert Lebonnier, maçon, Guillaume dit Risolle, sergent de l'official de Paris, Emmeline Lequeu, Pierre Galie, maître ès arts, écolier à Paris, Simon de Calais, épicier, Jean Violet, chanoine de Saint-Jacques, Ferrant de la Paix, prêtre, Robert Piedefer, licencié en lois, Jean Foucault, écuyer, Guillaume Betain, maréchal, Jeanne de Vauboulon, Jean Duchemin, grand maître des œuvres de maçonnerie du Roi, Jean Choart, lieutenant de la prévôté de Paris, Jean le Rouge, prêtre, Pierre Chavelet, maître boulanger, Robert Foulon, procureur au Châtelet, Pierre de Janilhac, batteur d'or, Claude Desmaret, marchand, Regnaut de Verdun, Geoffroi Boudier, maçon-juré du Roi, Pierre Lamine, épicier, Pierre Deschamps, peintre, Jean de Nanteuil, Regnaut de Lospital, Mahi Doteville, marchand de cuirs, Michel de Baalon, Simon du Bocage, sergent de la douzaine du Roi au Châtelet, Aubert le Maréchal, maréchal du Roi, Thomas le Flamand, valet de chambre du Roi, Jean de Grace, premier écuyer de cuisine du duc d'Orléans, Jean Nernet, maçon, Antoine Le Tur, sergent à cheval au Châtelet, Charlot Allain, procureur général au Châtelet, Jean Musterol, orfèvre, Robert de Mouci, Jeanne d'Orly, Agnès de la Queu, Pierre Datyer, Gervaise, cuisinier de Charles de Valois, Jean de Locdeville, notaire au Châtelet, Benoît Paternel, gaînier, Richard

Boileau, maçon, Jean de Béthune, Guillaume Leperdrier, trésorier de France, Hamon Raguier, argentier de la Reine (1400); Robert de Layeville, maçon juré, Jean Pinel, sergent à verge, Jacques Merquerque, sergent à verge, Jean de Calais, Jean Duchemin, de Chaumont.

Liasses 65 à 69, 291 parchemins, 52 pièces papier. Années 1303 à 1615.

Actes de vente, d'achat, d'échange, de donation, baux passés par l'hôpital ou à son profit, titres nouvels, sentences du Châtelet et actes divers intéressant l'hôpital et des particuliers tels que: Héliot Lambert, sergent à verge au Châtelet, Claude Merault, seigneur de la Fossée, Thierry Guerre, tavernier, Renaut Gloria, maçon, Jean Bernier, chevalier, maître des requêtes de l'hôtel du Roi, Louis de la Chenez, procureur au parlement, Guillaume Guérin, écolier, Pierre Roussel, écolier, Eustache de Cabour, échevin de Paris, Gilles Haudis, avocat au Parlement, Jean de Dammartin, Jean Dars, notaire au Châtelet, Etienne de Meullant, Nicolas de Saint-Benoît, Hue Luissier, bourgeois de Paris, Etienne de Vayce, Jean et Roberge de Cormeilles, Robin Quatrecôtes, charpentier, Simon de Bequerel, Jean de la Porte, huissier du Parlement, Jean de Mongueville, Nicolas de Chavenun, bourgeois de Pontoise, Gilles Galois, seigneur de Luzarches, Jeanne Bourdon, Jean Brice, monnoier du serment de France, Jean Vendoise, Sevestre Quarre, Jacquet Langlois, fourbisseur d'épées, Richard de Quentois, anglais, talemelier, Richard Lebarbier, marchand boursier, Jean Parent, drapier, Pierre Blanchet, secrétaire du Roi, Henri Lescalopier, grand bedeau de la nation de Normandie en l'Université de Paris, Jean Leconte, mesureur de bûches, Giffart de Vauvert, licencié en lois, Jean Croze dit Belart, maître en arts et en médecine, Guillaume Sanguin, Pierre Lelorrain, drapier à Montereau, Michel de Besu, Guillaume Bonnet, menestrel du Palais Royal, Jean de Vauboulon, écuyer échanson du Roi, Simon de Saint-Julien, Pierre Dorbans, drapier, Jeanne Dufaut, Jean de Louviers, Jean Baguelier, archidiacre de l'église de Bourges.

Liasses 70 à 73, 239 parchemins, 99 pièces papier, années 1276-XVIIe siècle.

Actes de vente d'achat, d'échange, de donation, baux passés

par l'hôpital ou à son profit, titres nouvels, sentences du Châtelet et actes divers intéressant l'hôpital et des particuliers tels que : Gilles Cresy, tavernier, Richard Fouques, hôtelier, Denis de Mauroy, secrétaire du Roi, Pierre Gourlin, meunier, Jean de Troyes, sergent à verge, Jean Champion, Nicolas Hautmaire, Pierre Pigalle, Perrin Guérin, boucher, Etienne Yver, archidiacre de l'église de Rouen, Jean Courtois, chapelain de l'église de Saint-Denis, Guillaume de Jouy, Guillaume Liberge, Jean de Brezolles, Benoît Aubourg, ouvrier en la monnaie de Paris, Jean de Neuilly, Robert le Boutillier, prêtre, Luce, maître queux d'Alphonse comte de Poitiers (1276), Aimé Mestrail, Baudin le Damoisel, Pierre Chabridel, notaire au Châtelet, Claude Doublet, marchand, Arnoult Quinepeut, marchand teinturier, Guillaume Sauceline, Nicolas Payer, notaire à Paris, Gilles Ferri, Claude de Senicourt. — Mandement du duc d'Orléans à son receveur de Beaumont sur Oise de payer à l'hôpital Saint-Jacques une rente de 6 livres 8 sols p. sur les revenus de la prévôté de Beaumont (1372). Déclarations des terres sises à Mitry appartenant à l'hôpital Saint-Jacques (1427 et XVIIe siècle) ; — Extrait du papier terrier de la seigneurie de Maupas à Mitry (1688).

Comptes des Recettes et des Dépenses de St-Jacques-l'Hôpital.

Cette collection des comptes des recettes et des dépenses de l'hôpital Saint-Jacques a, Dieu en soit loué, heureusement échappé à l'incendie. Le mémoire si intéressant de M. Bordier suffirait à attester l'importance de cette série de comptes au double point de vue de l'histoire générale et de l'histoire particulière de notre vieux Paris. Je me garderai bien de recommencer après M. Bordier l'étude consciencieuse et attentive qu'il a faite des rôles et des cahiers des comptes jusqu'à la fin du XVe siècle ; mais puisqu'il s'est fixé à lui-même cette limite dans son mémoire, sans juger à propos d'aller au delà, il me sera permis, dans ce récolement, d'entrer dans quelques détails, au moins pour les comptes du XVIe siècle.

Jusqu'à l'année 1499 inclusivement, la collection des comptes comprend 60 rotules et 208 registres ou cahiers in-4°, la plupart en parchemin.

Années 1500 à 1510, 19 registres.

Année 1500-1501, compte rendu par les trésoriers Milles Lombard, Jean le Jougleur et Jean Beauroy; recettes 2229 livres, dépenses 2634 livres. — Année 1501-1502, compte rendu par Milles Lombard, Jean le Jougleur et Robert le Jay, recettes 2402 livres, dépenses 2697 livres; pour lachat de trois esmouchouers de plumes de paon pour esmoucher le bastonnier le jour du siege, pour ce 9 sous parisis; pour avoir fait porter a lHostel-Dieu ung jeune fils que son pere avoit laisse malade soubz les salles de leglise, 16 deniers. — Année 1502-1503, recettes 2155 livres, dépenses 2763 livres, compte rendu par Jehan le Jougleur, Rober le Jay, Regnaut Anthoullet et Denis Simon. — Du louaige de 23 douzaines de la vesselle destain de la confrarie pour le disner de lentree de monsieur Poncher evesque de Paris le dimanche xxie jour de may 1503, 11 sous parisis. — Année 1503-1504, compte rendu par les précédents. Recettes 2275 livres, item ledit tresorier a fait paindre et dorer de fin or les trois grans ymages estans au grant portail de ladite eglise et paindre et enrichir dor ledit grant portail estant sur la rue Saint-Denis. — Dépenses 2521 livres; — pour une pièce de canevas pour tendre au bout des salles pres le puis le jour du siege a cause que le soleil frappoit sur les tables 12 sous. — Année 1504-1505, compte rendu par Regnaut Anthoullet, Denis Symon et Philippe Lechassier, recettes 2565 livres; pour louaige de 18 douzaines de platz destain de la vesselle de ladite eglise louez a Pierre Cardon pour le soupper de lentree de la Royne 8 sous; dépenses 2719 livres. — Pour avoir fait peindre toutes les ymages et le portail de leglise en la rue Saint-Denis a Pierre Desieux pour marche fait la somme 90 frans; pour avoir fait abesser les auvens estans devant ladite eglise en la rue Saint-Denis et remis en leur place oste plusieurs ais desdits auvens et rassiz lesquels auvens furent abbatuz pour la IIe entree de la Royne Aulne de Bretagne qui fut faicte a Paris le merquedi 20^e jour de novembre 1504, 10 sous parisis; item pour avoir dresse ung petit eschafaut dedens le portail de ladite eglise sur lequel y avoit ung personnage qui representoit et estoit nomme leglise qui fist la reverence et salutation a ladite Royne et les petis enffans de cuer abillez en anges qui chantoient chansons nouvelles a la louenge de ladite Royne 4 sous parisis. — Année 1505-1506, compte rendu par Philippe Lecassier, Jacques Riquet et Jacques Favereau. — Recettes 2389 livres, dépenses 2094 livres. — Année 1506-1507, compte rendu par les mêmes, recettes 2860 livres, dépenses 2888 livres ; sensuit la mise du reliquaire Saint-Eustace que les maistres et gouverneurs ont fait faire en lannee 1507 par Francois de Resnes orfevre lequel reliquiaire poise cinquante deux marcs deux onces d'argent blanc et pour ce faire a este baille audit orfevre le vieil ymaige Saint-Eustace lequel souloit servir audit reliquiaire qui poise huit marcs deux onces cinq gros ; item luy a este baille ung calice dargent prins au bureau de ladite eglise pesans ensemble 15 marcs cinq onces demy gros qui vallent a unze frans le marc 137 l. 11 s. 11 deniers ainsy reste desdits cinquante deux marcs deux onces dargent blanc 36 marcs 4 onces 7 gros et demy qui vallent 322 livres 4 sous 7 den. laquelle somme a este payee par les maistres et gouverneurs de ladite eglise en argent contant, item pour tout lor dont il a este dore 157 livres, item pour 22 pierres de plusieurs sortes qui servent au diadesme au collier et a lentour dudit reliquiaire 22 l.; audit Francois de Resnes pour la facon dudit reliquiaire et pour la peine de lavoir dore et paindre 169 livres 6 sous, ainsy appert que ledit reliquiaire a couste 828 l. 16 s. 9 den. — Année 1507-1508, compte rendu par Riquet, Favereau et Jean Martin. Recettes 3029 livres; dépenses 3044 livres. — Année 1508-1509, compte rendu par Jean Martin, Jean du Bus et Jean Paulmart. Recettes 2233 livres, dépenses 2128 livres; receu pour le louaige de 14 tables, 20 fourmes et 18 trestaulx qui furent portez aux bernardins le dimanche 28e jour doctobre pour servir a ung disner que feu maistre Marcial Dauvergne avoit ordonne estre fait par son testament a quatre cens povres 16 sous parisis; a Jean Patin demeurant en la rue Saint-Martin pour avoir tire de blanc et de noir ung grant ymaige de Saint-Jacques et plusieurs pellerins sur ung grant drap de toille pour tendre sur le grant autel du cueur en temps de caresme 48 sous parisis. — Année 1509-1510, compte rendu par les précédents, recettes 2275 livres, dépenses 1954 liv.; a ung paintre qui a paint et escript sur le portail en la rue Saint-Denis : cest lospital Saint-Jacques aux pellerins 8 s. p.

Années 1511 à 1520, 19 registres.

Année 1510-1511, compte rendu par Jean du Buz, Jean Paumart et Nicolas Crespy, recettes 2644 livres, dépenses 2008 livres; donné a Robert Le Camus maistre des enfans de cueur pour la pitie de ce qu'il a este longtemps malade de la maladie quon dit de Naples et a cause de ce la falu mettre hors et pourvoir dun autre maistre pour les dits enffans pour ce pour don et aulmosne 32 sous. — Année 1511-1512, compte rendu par Paumart, Crespy et Denis Guillart, recettes 3168 livres, dépenses 2910 livres. — Pour troys pelerins alemens venant de Saint-Jacques qui coucherent audit hospital dont lung estoit aveugle que ces compaignons laisserent le landemain en lhospital et luy desroberent..... florins. — Année 1512-1513, compte rendu par Crespy, Guillart et Guillaume Parent; recettes 3107 livres, dépenses 2852 livres; pour une monicion obtenue de monsieur lofficial par les maistres et gouverneurs contre incertaines personnes qui avoyent gecte et mys plusieurs infections ordures et fientes de personnes dedant les serrures et verroulx des huys et clostures dudit cloistre, 7 sous 8 deniers. — Année 1513-1514, compte rendu par Guillart, Parent et Antoine Bourcier, recettes 2946 livres, dépenses 1877 livres; pour avoir conge de transmuer et faire le service monsieur Saint-Eustace le jour Saint-Marcel qui est le lendemain des mors a cause des belles reliques dudit Saint-Eustace qui sont audit hospital 2 escus dor et demy. — Année 1514-1515, compte rendu par Parent, Bourcier et Simon Finet, recettes 3891 livres, dépenses 3781 livres. — Année 1515-1516, compte rendu par Bourcier, Finet et Augustin Bouguier, recettes 5705 livres, dépenses 3748 livres. De messire Jean Despreaulx tresorier de ladite eglise ung grant brefviere a lusage de Paris en parchemin enlumine et historie dor et dazur lequel sera mys et enchesne es chaires de ladite eglise en la place du tresorier pour servir au cueur. — Année 1516-1517, compte rendu par Finet, Bouguier et Guillaume Parent, recettes 6268 livres, dépenses 4645 livres. — Aux commissaires estably a recevoir le decime octroye par notre sainct pere le pappe Léon moderne au Roy Francoys premier pour la taxe dudit hospital 64 sous. — Année 1517-1518, compte rendu par Bouguier, Parent et Guillaume Leprestre, recettes 4439 livres, dépenses 4335 livres. — Année 1518-1519, compte rendu par Parent Leprestre et Jean Paumart, recettes 2995 livres, dépenses 2333 livres. — Année 1519-1520, compte rendu par Leprestre, Paumart et Guillaume Guimier, recettes 4255 livres, dépenses 3916 livres; de noble damoiselle Marguerite de Tresmes et Charles Dangenes seigneur de Ramboullet pour le rachat de 40 livres parisis de rente 480 livres; a Simon Choppin, marchant de soye pour quatre aulnes de velours pers pour faire ung corset neuf pour servir a crier la confrarie monseigneur Saint-Jacques.

Années 1520 à 1530, 10 registres. — Année 1520 à 1521, compte rendu par Paumart, Guinier et Pierre Baudin. Recettes 4450 livres; dépenses 3015 livres. A Guillaume Guymier l'un des maîtres de ladite église pour la bordure du corcet du cryeur qui crye la confrairye 16 livres, pour les franges dudit corset 67 sous parisis, pour les parles estant sur ledit corcet 50 s. p. — Année 1521 à 1522, compte rendu par Paumart, Guimier et Baudin, recettes 6275 livres; dépense ...... de Jaques Convers marchant drappier demeurant en Marche palu lequel tint le baston du siege et donna pour son don le corset du pellerin et le chappeau le tout pers semez de coquilles et de bourdons d'or de Chippre. — Année 1522-1523, compte rendu par Paumart, Antoine Bourcyer et Jaques Lombart, recettes 5069 liv.; dépenses 4671 livres. — Année 1523-1524, compte rendu par Bourcier, Lombart et Guillaume Breant, recettes 4991 livres, dépenses 4800 livres 10 sols. — Année 1524-1525, compte rendu par Bourcier, Lombart et Andry Hac, recettes 4792 liv.; dépenses 4948 liv. A ung paintre pour son sallaire davoir paint et faict une banniere que lon pend a la grand porte dudit hospital les jours de Saint Jaques et siege 10 livres 8 s. — Année 1525-1526, compte rendu par Lombart, Hac et Jean de Moussy; recettes 5422 livres; dépenses 5050 livres. — Année 1526-1527, compte rendu par Hac, de Moussy et Jacques Leconvers, recettes 5715 liv.; dépenses 5778 livres. — Année 1527-1528, compte rendu par Moussy, Leconvers et Jean Paumart, recettes 5334 livres; dépenses 4973 livres. De maistre Jean Cordelle notaire du Roy ou chastellet de Paris lequel tint le baston du siege et donna pour son don 15 escuz dor soleil. — Année 1528-1529, compte rendu par Leconvers, Paumart et Robert Millon, recettes 6815 liv.; dépenses 5867 livres. — Année 1529-1530, compte rendu par Paumart, Millon et Guillaume Guillemin, recettes 6223 livres; dépenses 5153 livres. Des executeurs du testament de feu monsieur le president Bouy lequel est enterre en ladite eglise devant la chapelle Sainct Claude a este bailliee une maison asscie rue Sainct Sauveur pour la fondacion d'une messe qui se dit chacun vendredi.

Années 1530 à 1540, 19 registres. — Année 1530-1531, compte rendu par Millon, Guillemin et Hac, recettes 7227 liv.; dépenses 7490 livres. Pour faire porter un enffant trouve a la grant porte de Mauconseil a Notre-Dame de Paris par congé de justice 20 sous par. A Claude Le May tailleur de la monnoye de Paris pour avoir faict ung trousseau de mil cinquante me-reaux pour payer les gens deglise 7 livres 11 sous. — Année 1531-1532, compte rendu par Guillemin, Hac et Jacques Lombart, recettes 4723 livres; dépenses 5429 livres; aux nottaires pour deux attestations des voisins dudit hospital touchant le gouvernement des pauvres dudit hospital qui y sont receus chacun jour pour mectre au sac pour bailler a la court de parlement et aux gens du Roy, 16 sous. — Année 1532-1533, compte rendu par Hac, Lombart et Jean de Moussy, recettes 4526 liv.; dépenses 4726 livres. — Année 1533-1534, compte rendu par Lombart, de Moussy et Jean Cordelle, recettes 4096 livres; dépenses 3605 livres; de maistre Jehan Raoul prebtre et chanoine en ladite eglise la somme de cent escus dor pour aider a faire une chappelle de damas blanc. — Année 1534-1535, compte rendu par de Moussy, Philippe Le Jay et Jean Cordelle, recettes 4473 livres; dépenses 5689 livres; paye aux sergens pour chasser et mectre hors les merciers de dessoubz la salle de Saint Jaques, 16 deniers. — Année 1535-1536, compte rendu par Le Jay, Cordelle et Mille Lombard, recettes 4858 livres; dépenses 3833 livres; a ung sergent a verge pour chasser de rechef les merciers des salles dudit hospital, 16 deniers. — Année 1536-1537, compte rendu par Cordelle, Mille Lombard et Jacques Thierree, recettes 5956 livres, dépenses 5957 livres; aux filles repenties pour avoir blanchy les corporaulx et volletz dudit hospital. — Année 1537-1538, compte rendu par Lombard, Thierree et Michel Boulle, notaire au Châtelet, recettes 5283 liv.; dépenses 5928 livres. — Année 1538-1539, compte rendu par Thierree, Boulle et Jean de Moussy, recettes 5959 liv.; dépenses 6183 liv. — Année 1539-1540, compte rendu par Boulle, de Moussy et Simon Loquet, recettes 4693 livres; dépenses 5315 livres; de Jean Daulnay seigneur de Goussainville, 34 livres.

Années 1540 à 1550, 21 registres. — Année 1540-1541, compte rendu par Jean de Moussy, Simon Loquet et Robert Fraulde, recettes 4988 livres; dépenses 5658 livres. — Année 1541-1542, compte rendu par Loquet, Fraulde et Hac, recettes 4936 livres; dépenses 6142 livres. — Année 1542-1543, compte rendu par Hac, Jean Huault et Fraulde, recettes 5016 livres; dépenses 5801 livres. — Année 1543-1544, compte rendu par Lombart, Huault et André Bréant, recettes 5233 liv.: dépenses 6308 liv. — Année 1544-1545, compte rendu par Jean Huault, Bréant et Germain Boursier, recettes 2532 livres; dépenses 3538 livres. — Année 1545-1546, compte rendu par Bréant, Bourcier et Laurens, recettes 2861 livres; dépenses 4134 livres. — Année 1546-1547, compte rendu par Bourcier, Laurens et Milles Lombard, recettes 3224 livres, dépenses 4565 livres; de Claude le Roy marchant espicier demourant en la rue au Fuerre a este receu une piece de la tapisserie de haulte lisse servant au dessus des chaises du cueur en laquelle est ystorye la lignee de monseigneur Saint Jaques. — Année 1547-1548, compte rendu par Laurens, Lombard et Jean de Dammartin, recettes 3684 livres; dépenses 4550 livres; a Robert Potier sergent a verge pour les iteratifves deffenses par luy faictes a lofficial de Paris de ne congnoistre de la cause pendant par devers luy entre les dits maistres et gouverneurs et maistre Guillaume Chambelain pour raison des distribucions, 6 sous p. — Année 1548-1549, compte rendu par Lombard, J. de Dammartin et Pierre Legras, recettes 3622 liv.; dépenses 4953 livres; de Benoist Omcent bastonnier une piece de tapisserie de haulte lisse servans au cueur de ladite esglise en laquelle est listoire de la predication Saint Jaques; a deux prebtres qui ont porte les relicques le jour que le Roy a faict sa procession generalle de leglise Saint Raoul en leglise Notre Dame qui fut le IIIIe jour de juillet oudit an 6 s. p. — Année 1549-1550, compte rendu par J. de Dammartin, Pierre Legras et Gilles Guillard, recettes 4726 livres; dépenses 5129 livres.

Année 1550-1560, 18 registres. — Année 1550-51, compte rendu par Legras, Lombard et Jacques Duboys, recettes 4594 liv.; dépenses 5371 livres. — Année 1551-52, compte rendu par J. Lombart, J. Duboys et Antoine Pézou, recettes 4436 livres; dépenses 4741 livres. — Année 1552-53, compte rendu par J. Lombart, J. Duboys et Pezou, recettes 5341 livres; dépenses 4592 liv. — Année 1553-54, compte rendu par Pezou, Etienne Nicolas, J. Duboys, recettes 4952 livres; dépenses 3365 livres; aux quarteniers de la ville de Paris pour les fortifications 290 liv.;

pour plusieurs fraiz et mise payez en certaine instance allencontre des gens deglise dudit Saint Jaques sur ce quilz ont pretendu estre exemptz des fortiffications de la ville de Paris... — Année 1554-55, compte rendu par Nicolas, Isaac Aubery et Cl. Leroy, recettes 3949 livres; dépenses 4344 livres; aux quarteniers de la ville de Paris pour les fortiffications, 163 liv. — Année 1555-56, compte rendu par Aubry, Leroy et Ph. Chenart, recettes 3596 liv.; dépenses 3652 livres. — Année 1556-57, compte rendu par Leroy, Chenart et Jacques Lebègue, recettes 4035 liv.; dépenses 4094 liv. — Année 1557-58, compte rendu par Chenart, Lebègue et Henri de Cornouailles, recettes 3345 livres; dépenses 3595 livres; de Jehan Tranchant a este receu quatre solz parisis par luy donnez pour estre escript au livre des trespassez. — Année 1558-59, compte rendu par Le Begue, de Cornouailles et Antoine Huot, recettes 3387 livres; dépenses 3402 liv. — Année 1559-60, compte rendu par Cornouailles, Huot et Robert Cossart, recettes 3387 liv.; dépenses 3437 livres; des executeurs du testament de feu Jacques Gobelin 8 livres, pour les remparts et fortiffications de Paris 58 livres 16 sous.

Années 1561-1570, 8 registres. — Année 1561-62, compte rendu par R. Cossart, G. de Fourcroy et Nicolas Cossart, recettes 4077 livres; dépenses 3891 livres; a este paye par iceulx gouverneurs la somme de 21 livres 18 sous pour le guet faict tant de nuict que a la garde de la porte Saint Denis tant soubz le cappitaine Herve que sous le cappitaine Plastrier monstres et reveues, a este paye le cinquiesme jour de juing audict an 1562 pour avoir faict fere ouverture de la fosse secrette pour serrer les relicques de ladicte esglise et vaisselle pour la crainte des huguenotz icelle faict refermer et quelque temps apres ouverte retire lesdictes relicques et vaisselle 48 sous par.; aux chanoines fondez en lesglise monsieur Saint Quentin en Vermandoys ausquels le Roy nostre Sire par son edict a voulu statue et ordonne de pouvoyr prendre quatre annees durant sur chacun chanoine es eglises collegiales de son dict royaulme demy escu soleil pour auculnement les recompenser des pertes ruynes par eulx eues et souffertes au moyen de la prince et pilliaige faict de ladicte ville Saint Quentin par noz ennemys durant les guerres estans en nostre pays de Picardie, 24 livres parisis; a este paye la somme de 300 livres tournois pour convertir et employer au payement des gens de guerre leves allencontre des ennemys et rebelles de Sa Maieste; a maistre Francoys de Vigny recepveur de la ville de Paris la somme de 51 liv. tournois a laquelle ladìtte esglise et hospital a ete cottizee pour subvenir au payement des gens de guerre a pied levez pour la seurte de ladicte ville. — Année 1562-63, compte rendu par Fourcroy, Cossart et Jean Berthelin, recettes 4053 liv.; dépenses 4059 liv.; pour le guet faict tant de nuict que la garde de la porte Sainct Denys monstres et reveues lanternes et chandelles, 28 livres; pour le parpaye des armes quil a convenu achepter pour ladicte esglise et hospital tant par ordonnance du Roy que de messieurs de la ville de Paris au moyen du trouble advenu par le moyen de la nouvelle religion 35 liv. 18 sous; aultre despence pour les rempartz et fortiffications 34 liv. — Année 1563-1564, compte rendu par Cossart, J. Berthelin et Gilles Marie, recettes 3498 liv.; dépenses 3420 liv.; pour les rempartz et fortiffications 50 livres 16 s. — Année 1564-65, compte rendu par Berthelin, G. Marie et Antoine Drouet, recettes 4437 livres; dépenses 4326 livres; pour les fraiz quil a convenu faire pour obtenir lectres du Roy lors estant en Languedoc aux fins destre exemps de la taxe faicte par le clerge du diocese de Paris pour le rachapt des biens des esglises allienes que pour lesdictes lectres, 26 liv. par.; pour les chandelles et lanternes mises la nuict en la grant rue Sainct Denis les moys d'octobre, novembre, decembre, janvier, febvrier et mars, 60 sous tournois; pour les rempartz et fortiffications, 46 liv. par. — Année 1566-67, compte rendu par A. Drouet, P. Galoppin et H. Lebesgue, recettes 4076 livres; dépenses 4030 livres; pour les remparts et fortiffications, 34 liv. 16 sous. Année 1567-68, compte rendu par Lebesgue, Galoppin et Jean Marentin, recettes 3702 livres, dépenses 3171 livres; a este paye la somme de 28 livres pour lachapt par lesdicts receveurs faicte de troys morions, deux hacquebuttes et leur garnyement une picque et une hallebarde tant a aller sur les rempars aux centitinelles monstres et reveues que pour le soldat qui sortoit de la ville pour les remparts et fortiffications, 35 liv. — Année 1568-69, compte rendu par Galoppin, J. Marentin et J. Pucet, recettes 3242 livres; dépenses 3591 livres; pour 528 pellerins qui auroient logé audict hospital pendant ladicte année; pour les gens qui ont este aux sentynelles, postes et guet tant de jour que de nuict, 46 livres; a, Nicollas Bontemps maistre fondeur a Paris pour avoir racoustre le rouet que lon sonne a lelevation du *corpus domini*, 20 s.; pour les fortiffications de la ville, 18 livres. — Année 1569-70, compte rendu par Lombart, P. Gaultier et Pierre Ledoyen, recettes 4460 livres; dépenses 4621 livres; font recepte lesdicts maistres de la somme de 1200 livres tournois qui donne a este par Jacques Hortier, marchant drappier, pour ayder a bastir et reediffier de neuf la maison du pellerin rue Sainct Denis pres ledict hospital; — pour les rempartz et fortiffications, 6 livres.

Années 1570-1580, 9 registres. — Année 1570-71, compte rendu par Lombard, Gaultier et Ledoyen, recettes 4925 livres; dépenses 5060 livres; pour les rempartz et fortiffications 24 livres parisis. — Année 1671-72, compte rendu par Lombard, Gaultier et Claude Leroy, recettes 3875 livres; dépenses 4116 livres; a este paye aux maistres et gouverneurs pour le mistere de la resurrection nostre seigneur et pour avoir faict refaire les anges, 26 sous parisis. — Année 1572-73, compte rendu par Gaultier, Leroy et J. Quiquebeuf, recettes 4833 liv.; dépenses 5141 liv.; a este paye a maistre Guillaume Jacquier painctre pour trois pourtraicts de la vie de monseigneur Saint Jaques, 36 livres parisis; pour le second portraict de la vie de monseigneur Saint Jacques, 12 liv. parisis. — Année 1573-74, compte rendu par Leroy, Quiquebeuf et Nicolas Debulles, recettes 5910 l.; dépenses 6474 l.; pour ung estuy pour servir a mestre la belle croix de ladicte esglise, 4 liv. p. — Année 1574-75, compte rendu par Quicquebeuf, Debulles et Robin, recettes 3799 livres; dépenses 4309 liv.; a monsieur Mahault, avocat ou chastellet pour les escriptures par luy faictes contre damoiselle Marguerite Lepicart pour le proces de larche du grant pont, 44 s. p.; le lundy 21 mars audict an que le Roy vint oyr la messe en ladicte esglise a este paye pour le desjeune de la garde escossoize dudict sir, 24 s. p.; a ceulx qui ont porté les relicques le seiziesme may que le Roy feist faire procession generalle pour la vraye croix, 5 s. p. — Année 1576-77, compte rendu par Nicolas Robin, A. Huot et J. Barbarin, recettes 4058 liv.; dépenses 4158 liv.; a este paye la somme de 14 liv. 7 sous pour la part des fraiz de voiage de messieurs les deputez qui ont este envoyez aux estats a Blois, a este paie la somme de 147 liv. 17 sous a quoy ladicte eglise et hospital ont este cottizes pour leur part de lalienation de 50000 escuz de rente accordez au Roy par nostre saint pere le pape en lannee 1576; a este paye la somme de 8 liv. 8 s. p. pour la part a paier par ladicte esglise et hospital des secours accordez au Roy au mois de mars par le clerge assemble a Blois aux Estatz pour la solde de quatre mil hommes de pied et mil chevaux legers durant 6 mois. — Année 1580-81, compte rendu par Lebesgue, N. Lombart et Eustache Perrue, recettes 5313 liv.; dépenses 5814 liv.; a este paie a Mathurin Ferre orfebvre a Paris pour avoir racoustres les reliques qui avoient este rompues le jour de la grand procession, 30 livres parisis.

Années 1581 à 1600, 18 registres. — Année 1581-82, compte rendu par N. Lombert et Robert Cossart, recettes 1888 écus, dépenses 2084 livres; a este paye la somme de 62 s. tournois aux musitiens le jour de la solempnité du baston. — Année 1582-83, compte rendu par Eustache Perrue, R. Cossart et F. Crampon, recettes 2250 écus, dépenses 2118 écus; sensuict les deniers paiez pour les fraiz de loratoire qui fut en ladicte esglise par lespasse de quinze jours, a plusieurs crocheteurs 1 escu 15 sols pour par eulx avoir apporte et reporte plusieurs pieces de tapisserye que lon avoit empruntez a plusieurs eglises..... — Année 1583-84, compte rendu par Cossart, Crampon et Etienne Rimbault, recettes 2811 escuz 47 s.; dépenses 3837 livres; a Nicolas Quesnet, maistre painctre, la somme de 6 escuz 40 sous tournois pour par luy avoir faict ung portraict painct en thoille de listoire de la vye monseigneur Saint Jacques pour la faire mectre en tapisserie que Gabriel Fondrinier lun des doyens a promis donner pour servir aux chaises du cueur. — Année 1584-85, compte rendu par Crampon, Rimbault et Gilles Marie, recettes 3217 écus; dépenses 3993 écus; a este paye pour le service de deffunct monsieur maistre Robert Pihan, vivant chantre du Roy et de la Royne...; au maitre des enffants de cueur pour faire jouer les troys maryes a matines et a vespres le jour et feste de Pasques tant pour luy que pour les enfans, 50 sols tournois; a ung homme qui a este prier les anciens maistres bastonniers et doyens pour le jour Saint Marc pour aller a la procession parce que personne ny voulloit aller, 5 s. tournois. — Année 1586-87, compte rendu par G. Marye et Antoine Morillon, recettes 2883 écus, dépenses 2719 écus. — Année 1587-88, compte rendu par Morillon, F. Chauvet et Jean Quiquebœuf, recettes

3424 écus, dépenses 3081 écus. — Année 1588-89, compte rendu par Chauvet, Quiquebœuf et Darsel, recettes 3095 écus; dépenses 3979 écus; il a este paye au sieur Binet receveur des decismes, 18 escuz 16 sous a laquelle somme lesdicts gouverneurs auroient este taxez et cottizez pour leur cotte part et portion de 700000 escuz accordez par nostre sainct pere le pape et le clerge de France en lannee 1588 pour la manutention de la religion catholicque, appostolique et romaine en ce royaulme et le soulagement du publiq et extirpation des hérésies; a este paye le 7e jour dapvril a quatre prestres qui ont porte deux relicquaires en procession a notre dame et au monastaire madame saincte Genevieve par le commandement de monsieur le duc de Mayenne, 30 s. t. — Année 1589-90, compte rendu par Crampon, dépenses 2888 écus; le total des recettes n'est pas indiqué; de Charles Maheut, recepveur du dommaine du Roy, la somme de 6 escuz 15 s. tournois a cause de pareille somme de rente que ladicte eglise a droit de prandre par chacun an sur le revenu de larche du grand pont; sur la recepte de Beaumont sur Oyse, 2 escuz 40 s. tournois; a este paie la somme de 853 escuz a cause des paiemens faictz en deniers comptans par ledict rendant baillez par chacun vendredy de chacun moys ausdits maistres et gouverneurs pour faire la paye des gens deglise. — Année 1590-91, compte rendu par François Crampon, ni les recettes ni les dépenses n'ont été totalisées; tous les autres comptes jusqu'en l'année 1606 ont été également rendus par le receveur Crampon. — Année 1594-95, recettes 2253 écus; dépenses 2150 écus. — Année 1596-97, recettes 2653 écus; dépenses 2575 écus. — Année 1597-98, recettes 2918 écus; dépenses 3183 écus; — Année 1598-99, recettes 3246 écus; dépenses 3290 écus. — Année 1599-1600, recettes 3245 écus, dépenses 3535 écus.

Le reste de la collection des comptes de Saint-Jacques-l'Hôpital comprend 86 registres sur papier et va jusqu'à l'année 1708.

Le fonds de l'hôpital du Saint-Esprit en Grève n'est plus représenté dans nos archives que par la copie (V. H. Dieu, liasse 866) des lettres patentes de Jean de Meulant, évêque de Paris, par lesquelles ce prélat autorise frère Amand, de l'ordre des

Mineurs, Jacques de Arenci, de l'ordre des Ermites, Guillaume Bouquin, de l'ordre des Prêcheurs, maître en théologie, Laurent Gadet, Pierre de Villeneuil, Pierre Maréchal, Guillaume Basin, bourgeois de Paris, à fonder une confrérie pour recueillir les enfants pauvres des deux sexes et les orphelins et leur faire apprendre un métier ou les mettre en condition. « On n'admettra dans la confrérie aucune personne qui soit excommuniée et si, une fois admise, elle venait à être excommuniée, elle sera expulsée de la confrérie si elle ne se fait pas absoudre dans l'espace de dix jours au plus. » — Chaque confrère pour son entrée payera deux sous parisis. — Si, une fois les œuvres de piété accomplies avec cet argent, il y a quelque reliquat, on donnera à chaque malade sortant de la Maison-Dieu un pain, un potage et deux deniers, et s'il reste encore quelque argent, il sera distribué aux pauvres honnêtes de la ville. — Quarante jours d'indulgences à tous ceux qui entreront dans la confrérie (février 1363). — Ce titre est le véritable titre de fondation de l'hôpital du Saint Esprit en Grève.

Hôpital de la Trinité.

Liasse 1re, 13 parchemins, 30 pièces papier, 2 plans (années 1202 à 1766).

Affranchissement de cens par Hervé, prieur de Saint-Lazare, de la place vendue par ledit Hervé à Guillaume Escuacol et à Jean Pallée frères, pour le prix de 40 livres parisis (1202). — Lettre de l'évêque de Paris, Eudes, portant que la chapelle de la maison hospitalière fondée à la Croix de la Reine n'aura point de cloche, que les droits curiaux ne pourront y être exercés que par un prêtre de Saint-Germain l'Auxerrois (1202). — Lettres de l'évêque de Paris, Eudes, autorisant les frères de la maison de la Sainte Trinité à avoir une cloche dans leur chapelle moyennant un nouveau cens annuel de 10 sous parisis à payer au chapitre de Saint-Germain l'Auxerrois, lequel cens Robert le fripier, et sa sœur, mus de piété, consentent être assis sur une maison à eux appartenant, située entre ladite chapelle et les murs de la ville (1207). — Lettres de l'évêque de Paris, Pierre, confirmant la donation faite par Guillaume Escuacol et

Jean Pallée à l'église d'Hermières de la maison de la Trinité, à condition qu'on continuerait d'y exercer l'hospitalité envers les pèlerins passant et que l'un des prêtres prierait Dieu pour les fondateurs, leurs deux frères Adam Clerc, Adam Lequeux et sa femme Richandé (1210). — Concession par le prieur de Saint-Martin-des-Champs au profit de l'abbé et du couvent d'Hermières et des frères de la maison de la Trinité de deux arpents de terrain tenant à ladite maison de la Trinité moyennant 40 sous parisis de cens annuel (1224). — Procès-verbal de visite de l'hôpital de la Trinité (janvier 1546). — Bail passé par Denis Nourry, prieur de l'église et hôpital de la Trinité, au profit d'Adrien Gervais, de Jacques et Jean le Roy, Nicolas Jondreville et Hermant Jambefer, gouverneurs « de la confrairye de la passion et resurection nostre redempteur Jesu-Christ fondee en ladite eglise » « du hault de lallee et entree du posthuys du petit cymetiere de ladicte Trinite ayant ysseu sur ladicte rue Sainct Denis pour sur ledict posthuys et aîlee construire et ediffier deux petites chambrettes avec grenier dessus » (1547). — Homologation par la Cour de Parlement du réglement de l'hôpital de la Trinité arrêté par les commissaires du grand Bureau des pauvres (1547). — Arrêt du Parlement déboutant Louis Gayant, prévôt des marchands, qui réclamait le droit de nommer le gouverneur de la Trinité et confirmant la nomination qui avait été faite par les commissaires du grand Bureau des pauvres de Jean Lecoq, curé de Saint-Eustache de Joachim Rolland, marchand, bourgeois de Paris, en qualité de surintendants, de Guillaume de Larche, greffier du baillage de Meaux, de Nicolas Maheu et de Jean Levasseur, bourgeois de Paris, en qualité de gouverneurs (1547). — Acte de cession et de transport par les administrateurs de l'Hôtel-Dieu à l'hôpital de la Trinité, d'une place contenant trente-quatre toises quatre pieds de long sur quatre toises 20 pieds neuf pouces de large à prendre au dedans du cimetière de la Trinité; les administrateurs de la Trinité donnent en contre-échange un terrain de même superficie attenant audit cimetière qu'ils avaient acquis de l'hôpital Sainte-Catherine (1553). — Arrêts du Conseil privé portant union des deux hôpitaux du Saint-Esprit et des Enfants-Rouges à celui de la Trinité (1556). — « Declaration du revenu du prieure de la Trinite duquel jouit et possede frere Claude Perrier prieur dudict prieure que ledict Perrier prieur baille a maistre Guillaume de Larche commissaire a la saisie dud. prieure »

(16 avril 1561). — Arrêt du Parlement rendu entre le procureur général, prenant le fait et cause des administrateurs de la Trinité, d'une part, et, d'autre part, le frere Perier et les réformateurs de l'ordre de Prémontré, ordonnant que l'hôpital et ses dépendances seront régis suivant l'édit fait sur le réglement général des hôpitaux et maladreries du Royaume comme estant hospital de sa premiere fondation (7 septembre 1562). Arrêt du Parlement ordonnant l'exécution de celui du 7 septembre 1562, ce faisant que frere Claude Perier et autres religieux quitteront l'hôpital le 13 avril et en laisseront la libre possession aux administrateurs (24 mars 1563). — Inventaire par devant Allard et Rossignol notaires au Châtelet des titres et documents remis à Bertrand Faurre, Louis de Creil, Pierre de Villemer, administrateurs de la Trinité, par « religieuse personne frere Claude Perier soy disant prieur de la Trinité et religieux profex dArmieres ordre de Premontre » (15 juin 1563). — Arrêt du Parlement déboutant Thomas Mony, se disant prieur de la Trinité, des demandes et conclusions qu'il avait prises contre les administrateurs de la Trinité (1576). — Lettres de bénédiction par Henri de Gondy, évêque de Paris, de la partie neuve et de trois chapelles nouvelles de l'église de la Trinité (15 avril 1598). — Marché passé par les administrateurs de la Trinité avec Antoine Dumas, maître maçon à Paris, pour la construction d'un nouveau portail (11 juillet 1670). — Sentence du grand voyer portant autorisation aux administrateurs de la Trinité de faire reconstruire le portail de leur église (2 sept. 1670). Procès-verbal de réception dudit portail par le sieur Bornat, architecte (27 août 1671).—Sentence des trésoriers généraux des finances portant « quun egoust et ponceau scitue vis a vis leglise de la Trinite, seront supprimes et les pierres enlevees et accordees audict hospital de la Trinite » (12 mai 1671). — Construction d'un étage au-dessus de la sacristie de l'église. Plan gravé de l'hôpital de la Trinité, des boutiques, échoppes et emplacements situés dans son enclos, levé et dessiné par le sieur Gobin, architecte de l'hôpital (1766).

Liasse 2, 4 parchemins, 18 pièces papier, années 1350-1693[1].

Lettres patentes du Roi Jean II ordonnant aux prévôt des mar-

1. Les titres de cette liasse complètent ceux dont j'ai précédemment donné l'analyse dans le récolement du fonds de l'Hôtel-Dieu, layette 7 *bis*, liasses 57 et 59.

chands et échevins de rendre aux religieux de l'hôpital de la Trinité un terrain de deux arpents qu'ils avaient acquis pour y enterrer les corps des personnes decedées à Paris et les contraignant de payer auxdits religieux les arrérages d'une rente de 20 livres pour l'acquisition dudit cimetière (1350). — Arrêt du Roi ordonnant à Me Thierry Dumont de faire information « en quel lieu propre et convenable hors la ville de Paris se pouroit commodement transferer et dresser autre lieu et cimetiere quen la Trinite » (22 décembre 1554). — Copie collationnée d'un rapport du sr de Mercene, docteur régent en la faculté de médecine de Paris, sur la nécessité de fermer le cimetière de la Trinité (1er fév. 1664).— Expédition en parchemin d'un accord passé entre les administrateurs de l'H.-D. et ceux de l'hôpital de la Trinité, portant entre autres choses que « le cimetiere de la Trinité sera partagé esgallement entre lesd. administrateurs au dire dexperts et gens a ce cognoissans dont ils conviendront en sorte que neantmoings que la portion qui est du costé de lhospital de la Trinité luy demeure et que lautre portion demeure à lHostel Dieu, sauf den donner plus grande ou moindre quentite de place a lun ou lautre suivant les scituations et valeurs des places pour en jouir faire et disposer respectivement ainsy quils adviseront bon estre moyennant quoy ils se sont desistez de part et dautre de tous proces et differands muez et a mouvoir pour raison de ce quils promettent entretenir de bonne foy a quoy ils affectent les biens et revenus desdits hospitaux » (5 décembre 1670). — Expédition, en parchemin, d'un contrat passé devant Leroy et de Saint-Jean, notaires au Châtelet de Paris, contenant l'acquisition faite conjointement par les administrateurs de l'Hôtel-Dieu et ceux de la Trinité, du sieur Louis Lenoir, curé de St-Hilaire au Mont de Paris, d'une maison, jardin et dépendances, situés au faubourg St-Marcel, vis-à-vis l'hôpital de Scipion, moyennant 8000 livres payées par moitié, pour en jouir, faire et disposer par l'Hôtel Dieu seulement (1672). — Vente par la dame Marie Gambour, veuve Vyot, au profit de l'H.-D. et de l'hôpital de la Trinité, de deux maisons, jardins et dépendances, contenant environ deux arpents, rue de la Barre, lieu dit la Croix de Clamart, moyennant 15,000 livres (1672).— Acte par lequel les administrateurs de la Trinité reconnaissent devoir aux religieux de Saint-Martin la moitié du cens de 40 sous parisis qui leur était payé pour le cimetière de la Trinité (12 juin 1693).

Liasse 3, 4 pièces parchemin, années 1667 à 1735.

Concession à l'hôpital de la Trinité par les prévôt et échevins de la ville de Paris de neuf lignes d'eau provenant des Prés Saint-Gervais à prendre au regard de la fontaine de la Reine (16 mai 1667). « Sa Maiesté nous ayant faict connoistre que son intention navoit poinct esté de comprendre dans la Revocation faicte par arrest de son Conseil du 26e novembre dernier de touttes les concessions deau qui avoient esté accordees par nos predecesseurs celles faictes aux communautez et particulierement aux hospitaux qui ont plus besoing que touttes les autres maisons de la ville davoir de bonnes eaux par la qualite de ceux qui y sont receus. » — Nouvelles concessions d'eau (1715 à 1735). — Cartulaire des titres de rente, de privilége et de fondations pieuses de l'hôpital de la Trinité, rédigé et collationné sur les originaux en 1564 et 1565 (Registre, parchemin, 117 feuillets).

Registre grand in-8°, 389 feuillets papier. Année 1740.

Inventaire général des titres de l'hòpital de la Trinité rédigé sous l'administration de Pierre Baudouin, Julien Quevanne, J.-B. Lepape, Edme Tesnieres et David Gillet (dans ce registre se trouve placé un inventaire dressé en 1787 de l'argenterie, des ornements d'église et autres effets de la sacristie de la Pitié; cahier de papier de 12 feuillets).

Hôpital des Enfants trouvés.

Liasse 1re, 5 parchemins, 364 pièces papier, années 1458 à 1782.

Lettres patentes du Roi Louis XIV confirmant l'établissement de l'hôpital des Enfants trouvés, fixant les sommes à payer annuellement audit hôpital par les seigneurs haut-justiciers de la ville de Paris et confiant au Directeur de l'hôpital général l'administration des Enfants trouvés (original en parchemin, daté de Saint-Germain en Laye, juin 1670, le sceau manque). — Extrait (pièce imprimée) des arrêts du Conseil d'État portant réglement de l'administration de l'hôpital (21 juillet 1670). — Copie non authentique des lettres patentes du Roi Louis XIII accordant aux Enfants trouvés une somme de 3000 livres à prendre sur la ferme de Gonesse (Saint-Germain en Laye, juillet 1642). — Copie collationnée des lettres patentes du Roi Louis XIII accordant aux Enfants trouvés une somme de 8000 livres à prendre sur les cinq grosses fermes (Rueil, juin 1644). — Lettre du ministre Joly de Fleury aux directeurs de l'hôpital général, relative au paiement de cette rente (janvier 1782). — Ordonnances des commissaires chargés de la liquidation des rentes pour le paiement des dons accordés par le Roi aux Enfants trouvés (1717 et 1718). — Copie collationnée d'un arrêt du Conseil d'État par lequel le Roi ordonne que sur le produit de l'octroi des 30 sols par muids de vin entrant à Paris, il soit payé au receveur de l'hôpital des Enfans trouvés une somme de 30,000 livres (1691). — États de perception de ce droit à partir de l'année 1752. — Copie collationnée d'une déclaration du Roi Louis XIIII par laquelle il accorde à l'hôpital général quatre nouveaux muids de sel, à charge de fournir aux Enfans trouvés et aux filles de la Charité le sel nécessaire (1670). — Extrait d'une déclaration du Roi dont le dix-septième article porte que tout récipiendaire en la charge de secrétaire du Roi paiera à l'hôpital des Enfants trouvés une somme de 50 livres (1672). — Confirmation par Louis XV du droit du vingtième dont jouissait l'hôpital des Enfants trouvés. — Pièces d'une procédure entre l'Hôtel-Dieu et l'hôpital général au sujet de la construction d'un mur mitoyen séparant les maisons appartenant aux deux hôpitaux, situées rue Neuve-Notre-Dame (1672 et 1673). — Vente par les religieux de l'abbaye de Saint-Victor aux directeurs de l'hôpital général d'une maison sise rue Neuve-Notre-Dame, à l'enseigne de l'image Saint-Victor, attenant à la maison des Enfants trouvés, chargée de 12 deniers de cens envers l'Hôtel-Dieu, moyennant la somme de 20,000 liv. (1688). — Contrat de vente par les administrateurs de l'H.-D. à ceux de l'Hôpital général de six maisons dont les quatre premières situées rue Neuve-Notre-Dame à l'enseigne de la Croix-de-fer, de la Couronne, de l'Agnus Dei, et les deux autres rue de Venise, à l'enseigne de la Croix-Verte, et rue Saint-Christophe, à l'enseigne de la Renommée, pour la somme totale de 90,000 livres. Constitution d'une rente de 251 livres par l'hôpital des Enfants trouvés au profit de la manse abbatiale de Saint-Victor, pour indemnité de deux maisons acquises de l'Hôtel-Dieu dans la censive de ladite abbaye (août 1747). — Adjudication par sentence du Châtelet aux Célestins de Paris d'une maison dite « la maison de la Coupe, sise rue Saint-Christophe » (1458). — Contrat de vente de ladite maison passé par les PP. Célestins au profit de l'hôpital des Enfants trouvés, moyennant une somme de 6000 livres (22 septembre 1745).

Registre in-8°, 177 feuillets papier. Années 1670-1687.

« Livre contenant les délibérations de messieurs les Directeurs des Enfants trouvés en France. » — Du 5 septembre 1670, en la maison des filles de la Charité ou est la couche des enfants trouvés vis-à-vis l'église de Notre-Dame se sont rendues sur les deux heures de relevee mesdames la duchesse d'Aiguillon, la presidente Nicolai, Daligre, Jolly, Violle, Teste et Petit, de la part de lhospital general messieurs Loyseau, de Monhers, Berryer et Pinette et monsieur Parent, receveur, a este comance par la priere et invocation du Saint Esprit et lesdites dames ayant pris leurs places au tour de la table a main droicte et mesdits sieurs les directeurs à la gauche, monsieur Loyseau sadressant aux dames leur a dict que puisquil avoit pleu au Roy dappeler aucun de messieurs les Directeurs en part de l'œuvre qu'elles avoient si charitablement commancé et conduict si heureusement ils les supplioient de leur en faire connoistre lorigine le progres et le present estat et leur proposer les moiens et les veues que leur zele leur avoit faict prendre pour en procurer lavancement afin questant esclairés de leurs lumiaires et exortés par leurs exemples ils puissent par un concours et union charitables travailler a la perfection de ce grand ouvrage pour la plus grande gloire de Dieu, le bien et avantage des pauvres enfants trouvés. — Sur ce madame Daligre en l'absence de madame la duchesse d'Aiguillon ayant pris la parolle auroit prié madame Violle de faire le recit de la naissance de la suitte et de lestat present de ladministration desdicts enfans ce quelle auroit faict avec lentiere satisfaction de la Compagnie. — Le jour des seances de MM^rs^ et Dames ont estés arrestés tous les vendredys matin a neuf heures precises. A este resolu que cy apres les enfans qui seront mis en norrice y demeureront jusques a laage de dix-huit mois seullement a raison de 5 livres par mois et de la mis en pention pendant une annee pour quatre livres aussy par mois et ensuitte pendant 18 mois a raison de 3 livres seullement et apres lesdites quatre annees en la maison pres Saint Lazare (26 décembre 1670). — Le nombre des enfanz amenez a la couche en lannee derniere 1670 est de 423 dont en a este mis en norrice 302 et des 121 restans en est mort 118 a la maison, partant en reste trois en icelle maison (2 janvier 1671). — Le nombre des enfanz trouvez tant en norrice, pension dans la maison de Saint-Lazare quen celle de la Couche se sont trouvez monter à 938 dont a esté donné memoire a Monsieur de la Reynie et sera continue a lui presenter de mois en mois (16 janvier 1671). —Il a este resolu par lassemblee tenue par les dames charitables et messieurs les Directeurs que pour les enfans envoiez en nourice dans les faubourgs de cette ville et lieux circonvoisins il sera paye 100 solz pour chacun mois jusques a un an et demi quilz ont accoutumez destre sevrez, quatre livres par chacun mois depuis quils seront sevrez jusques a lage de 3 ans, 3 livres depuis 3 ans jusques a quatre; a este arresté de prendre a loier pour trois mois une maison size au Parvis de Nostre Dame pres leglise de Saint-Jehan le Rond pour y establir une chappelle pour les enfanz trouvez pendant le jubile moiennant la somme de 300 livres et a la charge de retablir les lieux au mesme estat; Monsieur Hourlier, bailly du Palais, a dit quil avoit esté cy devant rendu plusieurs sentences au Chatelet portant condemnation contre plusieurs particuliers trouvez estre peres daucuns enfans trouvez, lesquelles sentences nont pas este suivies dexecution, a este arresté quon fera ses effortz pour retrouver lesdictes sentences et M. le Procureur du Roy supplié den prendre soin (14 août 1671). — Sera fait connoistre aux dames charitables le besoin pressant des enfants dont est deub pour les pensions de la campagne plus de 8000 livres (6 novembre 1671). Les dames charitables setant rendues a la Couche madame la duchesse dAiguillon a proposé de voir monseigneur larchevesque et dobtenir de luy mandement bien raisonne pour le faire publier au plutost dans les paroisses de ceste ville et fauxbourgs de Paris, a esté aussy trouvé a propos de parler a la Reyne des necessitez desdits enfans et lexciter a leur faire quelque aumosne en veüe de son heureuse grossesse, madame la duchesse d'Aiguillon fut chargee de voir ladite Reyne (13 novembre 1671). — A este aussi propose de faire des questes en Cour et notamment chez monsieur le duc dOrleans a loccasion de son mariage. — Le Bureau a prie madame Baudoin de veoir monsieur le lieutenant criminel au sujet des ordonnances quil delivre frequemment portant envoy des enfants non exposez a la Couche des enfans trouvez (24 juin 1672). — A este propose au bureau si on continuera le bastiment encommence de la maison des enfants trouvez rue Neufve Nostre Dame attendu la saison pressante, nonobstant les difficultez qui sont formees par messieurs les administrateurs de lHostel Dieu, a este arreste que madame Beaudouin et monsieur Pinette se donneront la peine de voir M. Berryer et luy faire connoistre limportance davancer ledit bastiment et sil en demeure daccord en donner aussitost avis au sieur de lEspine pour y travailler incessamment (22 juillet 1672). — A este arreste quil sera dit aux meneuses et nourrices de ne point venir a Paris sinon en cas de tres pressante necessite et ne pourront audit cas saddresser quau bureau qui se tient tous les vendredys pres Notre-Dame (25 novembre). — Le jour de lassemblee de mesdames et de messieurs les Directeurs est change du vendredy de chacune sepmaine a celuy du mercredy (3 mars 1673). — Madame la garde des sceaux a propose le nommé Gomont docteur en medecine de Montpellier pour servir les enfants de sa profession gratuitement et a este agree et remercie (10 mai). — Madame Jolly a promis daller au faubourg Saint-Anthoine avec madame la garde des sceaux pour veoir la maison du Saint Esprit si elle se trouveroit propre pour y loger les enfans trouvez (13 septembre). La sœur Nicolle Haren, superieure des filles de la Charité de Mlle Legras ayant trouvé a propos davoir en ceste maison une quatriesme fille pour le secours des enfants dicelle a presenté Marguerite Dubillon qui y a este receue (22 novembre). — A este arreste quil sera incessamment confere avec messieurs les administrateurs de lHostel-Dieu au sujet de la communauté de la Cour par eux contestée (6 décembre). — A este arresté que cy apres il sera fourny de la biere aux deux nourrices de la maison a raison dune pinte par jour pour chacune desdictes nourrices quand il arrivera du travail extraordinaire a icelles (4 avril 1674). — Suivant lordre donne en la seance precedente de monstrer les enfans du faubourg Saint Antoine au public en faisant une procession du lieu de leur demeure jusques a Notre Dame ou ils feroient prieres pour la conservation du Roy et prospérité de ses armes, laditte procession a esté faitte le jour de lundy 5e dudit moys et sont lesdits enfants partis dudit lieu au nombre de 140 des plus forts et auroient fait une pose en leglise de Saint Jean ou le tres saint Sacrement estoit exposé ou ils auroient fait leur priere et de la ont esté conduits par huit sœurs leurs gouvernantes assistées de deux archers jusques en leglise de Nostre Dame ou ils ont chante les hymnes et psaumes ordonnez et ensuite ont esté lesdits enfans menez en la maison de la Couche ou ils ont disné et sen sont retournez en mesme ordre de procession en leur ditte maison du faubourg Saint Antoine (6 juin 1674). — Il a este arreste que les enfans qui se trouveront malades du mal de grosse verolle seront baillez en nourrisse ou pention dans Paris a raison de 100 solz par mois (21 septembre 1674). — Cejourdhuy (10 septembre) madame de Guise a envoye au bureau deux louis dor pour faire prier Dieu pour M. Dalencon lequel est malade. Voulant pourveoir a ladvenir que les enfans qui seront reclames par les pere et mere ne leur soient point rendus que dans les regles et formes prescrittes par les ordonnances et en cognoessance de cause affin que les dis enfans ne soient point mis en autres mains quen celles de ceux a qui ils appartiennent legitimement a este resoleu que lorsquil sera demande quelquun des enfans que lon renvoiera lesdits pere et mere a monsieur le procureur du Roi pour se pourveoir par devers luy pour le faire ordonner en justice, sans quoi ils ne soient point rendus (28 septembre). Sur ce quil a este represente quil y a plusieurs enfans entre les mains de leurs nourrices qui sont demeurantes a Paris et que ceste facilite pourroit faire commettre plusieurs abus, les pere et mere apres avoir expose leurs enfans se les faisant donner a nourrir a quoi estant necessaire de pourveoir il a este arresté que tous les enfans qui sont en pension dans la ville et faubourgs de Paris seront retirés a la fin. de ce mois et deffences seront faites aux sœurs den plus mettre en pension dans ladite ville et faubourgs de Paris (1675, 18 janvier). — Sur ladvis qui a este donne au bureau de cest hospital des enfans trouvez que tous les jours lon exposoit des enfans sevrez et au dessus dun an estant des enfans apparemment legitimes il a este resolu que dores en avant pour empescher le grand nombre des enfans exposez les sœurs garderont dans la maison de la chappelle de Jesus enfant tous les enfans de cest age ne voulant plus tetter qui auront este apportez ou envoyez par messieurs les commissaires du Chastellet jusques a ce quelquun de messieurs les directeurs les ayant veus pour juger silz sont veritables objectz de cest hospital ou de celuy de lhospital general les enfants exposez agez de plus dun an estant apparemment legitimes ne seront pas si volontiers exposez quand les peres et meres seauront que leurs enfanz seront envoyez a la maison de la Salpetriere (22 février). — Madame la chanceliere a faict apporter a monsieur le receveur la somme de 1000 livres a elle donnee par le nomme Jean du Bois laquais de monseigneur le chancelier pour estre employee au bastiment de leglise du faubourg Saint Anthoine (4 juin). — Les directeurs de lhospital ont veu par le calcul de leurs registres quil sera deu au dernier de ce present mois de decembre 1676 aux nourrisses de la campagne la somme de 62,000 livres pour le payement de laquelle il ne leur paroist que celle de 20,400 livres (1677, 11 février). — Instruction au sieur Devienne pour le payement des nourrices de la campagne (1678, 31 octobre). — Monsieur Berryer a apporte la declaration du Roy par laquelle il unit lhospital des enfans rouges a cet hospital des enfans trouvez, il a este arreste que copie en sera transcritte en suitte de la presente deliberation (24 juin 1680). — Monsieur Pinette a esté prié de faire nourrir les enfans de la maniere quil a este informé quon les nourrit sans nourrice en Angleterre et en Allemagne mesme a Paris et de commencer par les enfans infectez du mal venerien pour empescher quils ne gastent les nourrices et pour cela de parler a madame Beaudouin pour la prier de trouver quelque femme qui demeure a lhospital pour avoir le soing desdits enfans et leur faire donner les choses necessaires a leur subsistance (24 juin 1680). — En execution de la deliberation du 24 juin dernier M. Pinette ayant trouve une femme qui doit nourrir les enfans avec de leau de froment et de la bouillie quil a fait loger a la Pitié il a este arreste que les premiers enfans exposez qui seront apportes en ceste maison luy seront envoyez a la Pitié au nombre de dix (4 juillet). — Messieurs ont arreste que les meubles qui sont dans une chambre de lhostel de Bourgogne ou sassembloient les anciens administrateurs seront apportez en cette maison. Sera parle aux comediens qui represente sur le theatre de lhostel de Bourgogne des deux loges reservees pour les anciens maistres et administrateurs pour scavoir sils ne veulent pas louer ces loges et combien ils en veulent donner, il a este aussi arreste que les barreaux de fer desdites loges seront apportes a la maison du fauxbourg Saint-Antoine (9 mars 1681). — Il a este arreste que les sœurs grises qui ont soin des mallades des paroisses feront avertir les nourrices qui perdront leurs enfantz den aller prendre aux enfants trouvez pour conserver leur laict, a este aussi arreste quil ne sera donne aucun enfant aux nourrisse quil nait este visite par le chirurgien qui sera a ce commis (25 juin 1681). — Les enfans gastez qui estoient au fauxbourg Sainct Antoine ont este aportez icy et mis dans la maison louee de lhostel Dieu sise rue de Venise et ce par lordre du bureau general (21 décembre). — Madame la chanceliere Daligre ayant eu la charite de se donner la peine de faire les questes le vendredy saint a la court les annees 1678, 79, 80, 81, 82, a envoye au Bureau la somme de 4300 livres (1682, 5 avril). — Messieurs sont invitez de sinformer sil ne se peut point trouver deux femmes de charite auxquelles on donnera une retribution honneste pour aller visiter les enfans qui seront en nourrice et ceux qui en connoistront prendront la peine den donner advis au Bureau (5 avril 1682).—Les sœurs de la Couche qui sont presentement au nombre de neuf ont represente au bureau quelles ne peuvent suffire au service de la maison attendu quil y a beaucoup plus denfans que de coutume et quil y a douze nourrices de sorte quil seroit besoin de leur donner encore deux sœurs lune pour la cuisine et lautre pour veiller sur la conduite des nourrices (13 septembre 1682). — Attendu le grand nombre des enfans madame Beaudouin a este priee de donner des enfans qui sont en cette maison a des nourrices de la ville a raison de 6 livres par mois (1683, 15 août). — Il a este arreste quil sera paye 3 livres par mois a chacune des 20 femmes qui servent les enfans en la maison Saint Anthoine pour gages et entretien (1686, 29 janvier). — A este arreste quil sera envoye des enfans de cette maison aux Enfans rouges pour faire avec ceux qui y sont a present jusques a cinquante, comme aussy quil sera fait dans la maison des Enfans rouges une etuve et un petit bastiment pour y mettre ceux qui auront la petite verolle (1686, 26 mars). — Nombre des enfans de ceans et des autres personnes scavoir 89 enfans dont 14 gastez, 1 chapelain, 1 maistre descolle, 2 sœurs, 5 nourrices, la gouvernante des nourrices de campagne et un portier, en tout 107 personnes; de la maison du faubourg Saint Antoine 128 personnes scavoir 100 enfans et 28 personnes de service, de la maison des Enfans rouges 60 personnes scavoir 54 enfans M. le ministre la superieure deux maistres des enfans un portier et une servante (1686, 28 mai).

Registre in-8°, 168 feuillets papier, années 1688 à 1729.

Registre des délibérations du bureau de l'hôpital des Enfans trouvés. — Le bureau ayant cy devant areste quon feroit diligence pour acquerir une maison voisine pour accroistre la chapelle de la couche le contract dacquisition en a esté signé aujourdhuy et le prix dicelle montant a 20,000 livres en a esté payé a MM. de Saint Victor (1688, 23 mars). — Il a este arresté a cause du grand nombre des enfans en la maison de la Salpetriere que Messieurs les' Directeurs commissaires en lhospital des Enfans trouvez les retiendront dans les maisons dépendantes dudit hospital autant quelles en pourront contenir et quaffin de pourvoir a leur subcistance a la descharge de lhospital general les enfans rouges qui sont a present la plupart enfans trouvez seront reduits a la portion et au mesme traitement que les pauvres de lhospital general en sorte que le revenu de ladite maison des Enfans rouges puisse suffire pour en nourrir un plus grand nombre (1688, 13 avril). — A este arresté que les enfans dudit hospital des Enfans rouges et ceux de la Couche des enfans trouvez qui auront attainct laage de quatorze ans seront mis en mestier chez les maistres de Paris sinon envoyez a Bicestre pour aprendre les mestiers qui sy exercent et mesme les enfans de treize ans sil sen trouve dassez forts ce qui sera aussy observé pour les autres garçons des maisons de lhospital (1688, 9 juill.).—A este fait examen sur les registres billets et rolles des enfans qui sont en nourrice qui se sont trouvez monter a la quantite de 1909, total des personnes desdites maisons 2288 (20 juillet). — A este arreste quil ny aura que cinquante enfans de lhospital des Enfans rouges qui seront destinez pour aller aux convoys lesquels seront vestus de rouge a lordinatre et a lesgard des autres enfans qui seront audit hospital seront vestus de tiretaine grise (7 septembre). — A lesgard des enfans qui estoient a la maison du fauxbourg Saint Antoine ils ont este transferez depuis mardy dernier scavoir les garsons a la Salpestriere au nombre de 95 et les filles a la Pitié au nombre de 7, il est resté en la maison 11 personnes qui aydent a demenager (1689, 18 octobre). — La sœur de la Chesnaye a suivant l'ordre du bureau fait delivrer a la sœur superieure de la Salpestriere tous les meubles et ustanciles qui estoient en la maison des enfans trouvez du fauxbourg Saint Antoine qui en a donné sa recognoissance (29 novembre). — Le jardin du faubourg Saint Antoine a este donne a loyer a Charles Louvet et a sa femme (1691, 16 mai). — Messieurs les Secretaires du Roy qui avoyent choisy leglise des enfanz trouvez du faulxbourg Saint Anthoine pour y faire faire loffice de leurs ceremonyes le jour et feste de saint Louis en auroient passé contract de fondation avec le bureau de lhospital general et de celuy des Enfans trouvez cela sest faict pendant plusieurs annees mais depuis deux annees ils auroient pour leur comodite fait faire ledit service en leglise de ceste maison de la Couche mais a cause de laugmentation faicte depuis peu de jours de soixante de leurs confreres ils ont creu que cette eglise pouvoit estre trop petite pour les contenir tous comodement et auroient convenu soubz lagrement du bureau dudit hospital général de faire faire ledit office en leglise Nostre-Dame de Pitie ce qui a esté faict a condition que les offrandes en seroient conservees au profit desdits enfans trouvez (1691, 29 août). — Sur ladvis donné au bureau de la necessite quil y avoit de faire visiter les enfans chez les nourrisses afin de pourvoir aux negligences et inhumanitez quen souffrent lesdits enfans et particulierement les nourrissons qui ont este mis a Rincan et autres bourgs du comté d'Eu, le Bureau a jugé a propos de doner comission a Anthoinette Pinar veuve agee de 52 ans native dEcouan de visiter lesdits enfans chez les nourrisses et de les changer suivant le besoin par le conseil et de concert avecq la sœur Anne Jumel superieures des filles de la Charité a Blangy et pour subvenir aux frais de voyage que ladite Pinar sera obligee de faire en sa visitte le bureau luy a acorde quarante livres quelle a demande par chacun an (1693, 13 mai). — Madame Defremont a envoye au bureau 60 louis dor provenant de la queste faicte en la Cour a Pasques dernier par les soins de madame de Maintenon (20 mai). — Monsieur Colin a aporte 64 louis dor valant 903 livres que luy a donnez madame de Miramion procedez de la queste faicte a la Cour (1694, 28 avril). — Monseigneur le premier president a dit que pour obvier aux inconvenients et pour veiller dautant plus a la conservation de ces pauvres enfans il falloit prometre aux nourrices de laisser ces enfans en nourrise pendant cinq annees si elles en faisoient bien leur devoir que cette prolongation de nourriture seroit un grand motif a ces nourrices pour se donner plus de soin et affection pour ces enfans et comme on a toujours observé denvoyer ces enfants ez maisons de lhospital general a leur retour de nourrisse il a este arreste que les deux dernieres annees des cinq que lesdits enfants demeureront en nourrisse seront rembourses a raison de 3 livres par mois par le receveur de lhospital general a celuy des Enfans trouvez a la descharge de leur hopital (1696, 9 mai). — Grande mortalité a la maison de la Couche pendant les chaleurs du mois d'août, faute de nourrices (1703). — Rapport des sœurs visiteuses des enfans placés à la campagne (1703, octobre). — Visite de l'archevêque de Paris à la maison de la Couche (1706, 14 avril)... Monseigneur le cardinal de Noailles est entré dans la sacristie de la il a passé dans lescolle des enfans quil a trouvee tres obscure est monté dans toutes les chambres de messieurs les ecclesiastiques est venu dans le bureau et entré dans le magasin a coté ou il a trouvé bien peu de jour et ressenty beaucoup de mauvaise odeur est monté dans toutes les chambres de la maison et jusques sur la terrasse ensuicte il est descendu dans les chambres des *pouparts* ou on luy a faict remarquer quil en avoit eté aporté la nuict precedente 14 que son Eminence a veus lun apres lautre avecq leurs proces verbaux quil sest faict representer et apres est descendu dans la chambre des nourrices ou il a veu quatre licts dans un petit espace pour y recevoir quelquefois 30 ou 40 qui sont les uns sur les autres et dans un estat digne de compassion. — Le vendredi dernier janvier de 1710 monseigneur le cardinal sest donne la peine de venir a la Couche et de monter a la chambre des *pouparts* et de descendre a celle des moribonds faute davoir des nourices de campagne, son Eminence a veu lesdits enfans au nombre de 52 dont 32 etoient en sante et vingt agonisants de quoy ledict seigneur a ete extrememcnt touche et a faict donner a la superieure 150 livres daulmosne (1710, 31 janvier). — Aujourdhuy les sœurs Jeanne Rafron et Jeanne de Rive sont arrivees a Paris au retour de la visitte quelles ont faitte en la province de Normandie, nayant pu faire la visitte des enfans qui sont dans la province de Picardie a cause quelles sont parties trop tard et du danger quil y avoit sur les chemins a cause de la guerre (1712, 12 octobre). — Commandement aux comédiens italiens locataires de l'hôtel de Bourgogne de payer 10,500 livres pour loyers échus en décembre 1727.—Comptes à rendre par les meneurs; mesures prises pour empêcher la confusion des enfants mis en nourrice (1728, 11 déc.). — Partage entre les divers commissaires de lhopital général de ladministration des trois maisons d'enfans trouvés (1729, 9 février).

Registre in-8°, 195 feuillets papier, années 1745 à 1760 (Il y a ici un registre qui manquait déjà en 1869, lors de l'impression de l'inventaire). Registre des délibérations du bureau des enfants trouvés. Les administrateurs de lhopital général et des enfans trouvez ayant consulté plusieurs medecins et chirurgiens ont este instruits que la maladie dont les enfans trouvez etoient attaquez provenoient du defaut dair et de lieu pour loger le nombre des enfans exposez qui augmentoit tous les ans et qui depuis 1739 passoit celuy de 3000 par an, le juste desir de conserver ces jeunes citoyens a fait prendre au Bureau le party dacquerir plusieurs maisons voisines pour procurer aux enfans trouvez de lair et du logement et par là conserver leur santé et mesme leur vie (1746, 26 septembre). — Vente des matériaux de la démolition de l'église Sainte-Geneviève des Ardents (1747, 13 janvier). — Cloche et clocher de la nouvelle chapelle (1749, 10 novembre). — La benediction de la nouvelle chapelle a ete faitte par monsieur labbé de Coriolis chanoine de l'Eglise de Paris vicaire general de M. larchevesque (1751). — Visite de la maison du faubourg Saint-Antoine (1751, 23 septembre), réglement pour la remise des enfants trouvés aux maîtres et maîtresses d'apprentissage (28 septembre). — Augmentation de 20 sols par mois pendant les deux dernières années de nourriture des enfants placés en nourrice et en sevrage (10 février 1753). — « Sur le raport qui avoit ete fait au bureau par les sœurs qui avoient eté commises pour faire la visitte des enfans dans les provinces de Bourgogne et de Picardie de letat ou elles avoient trouvé les enfants chez les nourrices qui en sont chargees, des plaintes que leur en ont fait les nourrices de la modicite du prix des mois de nouriture durant les deux dernieres annees des cinq que les enfans doivent rester en nourice et en sevrage eu egard a la cherte du pain et des autres vivres, des menaces que les nourices leur avoient faites de rendre les enfans a lage de 3 ans si on naugmentoit leur sallaire durant ces deux dernieres annees, de letat deplorable ou elles avoient trouvé un grand nombre denfants de lage de trois ans ou au dessus dans la derniere misere et manquant de pain... » — Lecture faitte du certifficat signe de M. Boffrand directeur de lhopital general et commissaire des bastimens contenant son avis sur les ouvrages de peinture qui ont este faits par augmentation de la chapelle des enfans trouvez par les sieurs Natoire et Brunetty peintres depuis le marché verbal qui avoit eté fait par M. Boffrand desdits ouvrages scavoir 1500 livres pour ceux faits par le s^r Natoire aux tableaux et 1000 livres pour ceux de perspective et autres ornements faits par le s^r Brunetty le Bureau deferant a lavis de M. Boffrand et voulant donner aux sieurs Natoire et Brunetty des marques de la satisfaction et du contentement quil a receu de lexecution de cette ouvrage a arreste quil leur sera payé par M. Duchesne receveur la somme de 2500 livres (20 mars 1753). — Démolition de l'ancienne chapelle (18 octobre 1753). — En lassemblee tenue cejourdhuy (28 décembre 1737) dans la maison des Enfants trouvés rue Neuve Notre Dame par les dames de Charité et par Messieurs les administrateurs commissaires de ceste maison ou estoient madame la premiere presidente, madame la duchesse de Cossé, madame la duchesse de Saint-Agnan, madame la comtesse de Cossé, madame la presidente Pelletier, madame Turgot, conseillere d'Etat, mademoiselle de Fénelon, mademoiselle de Cossé, mademoiselle Hocart, monsieur Ravault a dit que depuis plus de 3 ans le nombre des enfans exposés passe 4000 par annee, que celui quon a receu dans le courant de cette presente annee est de 4969 et quil y en a actuellement en nourrice et en sevrage plus de 6000 non compris plus de 900 quon eleve dans les 2 maisons de cet hopital..... que depuis laugmentation du prix des billets de la loterie que le Roy a eu la bonte daccorder lhopital perd chaque annee plus de 120000 livres par la diminution de cette loterie occasionnee par laugmentation des quatre sols sur chaque billet que cette diminution met lhopital dans limpossibilité de rendre a labbaye de Sainte-Genevieve le douzième a elle accordé sur le produit de la loterie pour la reconstruction de son eglise... il a eté résolu que pour le soulagement des enfans il sera tenu une assemblee generale le mardy de la quatriesme semaine du carême de lannee prochaine 1758 dans une des eglises de Paris ou seront invitees par billets toutes les personnes charitables pour laquelle assemblee il sera fait choix dun habille predicateur et madame la duchesse de Cossé priée par la compagnie de faire la quete dans cette assemblee a eû la charité de le promettre. — Réglement de l'hôpital des Enfans rouges (28 novembre 1758). — Visite par le premier président et par le procureur général de la maison du faubourg Saint Antoine et de celle des Enfans rouges (19 juin). — Vœu de la première présidente à l'occasion de la naissance de son fils M. de Champlâtreux (1760, 10 mars).

Registre in-8°, 197 feuillets papier, années 1760 à 1770.

Registre des délibérations du bureau des Enfans trouvés. — Legs de 12,000 livres aux Enfans trouvés par Martinet chirurgien en chef de lhôpital général (10 juin). — Ce jour (23 décembre 1760) le Bureau tenant dans la maison des Enfans trouvés du faubourg Saint Antoine M. Ravault a dit que les besoins de lhopital des Enfans trouvés deviennent des plus pressants a cause du grand nombre denfants que lon y recoit chaque jour que le nombre de ceux qui sont en nourrice et en sevrage au premier de ce mois est de.7000, outre ceux quon eleve dans les deux maisons de cet hopital au nombre de 1000. Le bureau considérant l'état ou se trouve l'hopital le peu de fonds qui reste dans la caisse a arrêté que tous les travaux commencés tant pour la construction du second pavillon demande par le bienfaiteur qui ne veut être nommé que pour la cuisine et les nouveaux dortoirs dans la susdite maison du faubourg Saint Antoine seront suspendus jusquà nouvel ordre (1761, 10 avril). — Assemblée, tenue à larchevêché, de tous les administrateurs de lhôpital général pour arriver à une réforme importante de l'administration des maisons d'enfants trouvés (1761, 7 janvier). — Lettre du duc de Choiseul à l'archevêque de Paris, l'informant que le Roi a accordé exemption de la milice à tous les chefs de famille qui consentiroient à se charger d'un enfant trouvé (5 avril 1761). — Le bureau étant dans la maison du faubourg Saint Antoine, M. Ravault a dit que la conservation et leducation des enfants trouvés avoit toujours été lobjet de la vigilance de ladministration que cette maison étant augmentee depuis deux ans de deux pavillons le nombre des enfans quon y eleve etoit augmenté de pres de trois cents enfans en sorte que ladite maison se trouve actuellement chargee de pres de 900 enfants (1761, 26 août). — Conflit entre les administrateurs de l'hôpital général chargé des enfants trouvés et les religieux de Sainte Geneviève au sujet du payement du 12e de la loterie des Enfants trouvés (1762). — Le Bureau « attendu que les revenus tant certains que casuels se montent à 285,216 livres et les charges annuelles à 586,455 livres que par conséquent les charges excèdent les revenus de 301,239 livres a arrêté quil sera incessamment remis a M. le premier president, a M. le procureur general chef de ladministration et a M. le lieutenant general de police un double de l'état nouveau contenant les revenus et les charges, que ces messieurs seront priés daccorder leurs bons offices aupres de M. le controlleur general pour obtenir du Roi de la maniere quil trouvera la plus convenable les secours necessaires pour que la recette puisse egaler la depense (1763, 1er février). — Droit de six deniers pour livre accordé aux meneurs des nourrices sur les sommes quils recevaient pour la pension des enfants placés dans les provinces (1763, 22 mars). — Le prix du mois de nourrice pendant la première année est porté à 7 livres (1764, 5 septembre). — Le Bureau étant dans la maison des enfants trouvés de la Couche le sieur Moreau directeur des fermes du Roy en la ville de Melun, correspondant de la Société royale dagriculture et seigneur de la Rochette a demandé a entrer où étant il a représenté quil étoit chargé par le gouvernement de létablissement dune école royale dagriculture audit lieu de la Rochette pres la ville de Melun et de demander au Bureau 24 enfans trouvez garçons de lage depuis dix ans jusqua 14 et au dessus pour être employez aux differents genres d'agriculture; le bureau consent a lui confier 24 enfants (1765, 8 mai). — Reglement concernant les nourrices et les meneurs des enfants (1765, 24 septembre). — Le Bureau a arrêté que lon feroit travailler au jardin et au marais de la maison du faubourg Saint-Antoine six garcons pendant huit jours alternativement en choisissant toujours les plus grands dans le nombre de ceux qui seront assez robustes pour cet ouvrage (1767, 9 avril). — Réduction à 600 du nombre des enfants du faubourg Saint-Antoine à cause du scorbut qui y faisait des ravages (1767, 9 avril). — Remise à l'abbé Pupil, directeur d'une fabrique de dentelles de soie, de quarante enfants trouvés, filles (4 juin 1767). — Rapport du chirurgien Guéret sur les causes de la grande mortalité des enfants trouvés de Saint Antoine (1768, 10 février). — Fixation à 68 du nombre des enfants qui devaient être élevés dans la maison de la Couche (1768, 10 septembre). — Suppression du tricotage auquel étaient occupés les enfants rouges en dehors des heures d'école (1769, juillet).

Registre in-8°, 74 feuillets papier, années 1770 à 1782.

Registre des délibérations du Bureau de l'hôpital des Enfants trouvés. — Relique de la vraie croix donnée aux Enfants rouges (1770, 11 août). — Réglement des écoles de la maison des Enfants rouges (1772, 10 mars). — Le Bureau a arrêté que l'engagement des enfants qui seront donnez dans les campagnes et villes de province a ceux qui voudront s'en charger sera borne a lage de 20 ans accomplis, passé lequel temps les personnes qui s'en seront chargees et qui voudront les garder ne pourront les y contraindre qu'en leur payant les gages que l'usage du pays accorde a ceux de pareil age (1772, 3 août). — Il a eté arrêté quil sera incessamment ecrit a messieurs les secrétaires d'Etat et a monsieur le controlleur general des finances auxquelles il sera en meme temps adressé des expéditions de la présente délibération pour les inviter à donner des ordres chacun dans les generalités de leur departement pour que passé le 1er avril 1773 il ne soit plus envoye a Paris sous aucun pretexte aucuns enfanz trouvez desdites generalités sous telles peines quil plaira a Sa Majesté de prononcer contre les messagers roulliers, voituriers et conducteurs de coche tant par eau que par terre, avec injonction aux officiers des marechaussees darreter les personnes qui s'en seroient ainsi chargees et de conduire lesdits enfants dans les hopitaux les plus prochains qui seront tenus de les recevoir (1772, 17 décembre). — M. Josson a dit que depuis pres de deux ans le nombre des nourrices pour les enfants trouves etoit considerablement diminue que cette diminution etoit telle que ceux des meneurs qui dans les annees precedentes amenoient chaque voyage quils faisoient a Paris 20 a 30 nourrices n'en amenoient que 7 a 8 que dautres de ces meneurs en amenoient 2 et 3 et les autres nen amenoient aucune quon avoit remarqué quatre causes de cette diminution... la quatrieme letablissement fait en 1770 dun bureau de direction pour les nourrices des enfans des bourgeois et artisans de cette ville auquel les nourrices se louent par preferance a celui des Enfans trouvés tant a cause du salaire de mois de nourriture qui est plus considerable que des profits quelles retirent du baptême des enfants..... le Bureau a arrêté qua commencer du premier du present mois de mars 1773 les mois de nourriture des enfants en nourrice et en sevrage seront payes a raison de six livres par mois pendant la deuxieme annee et ceux de la troisieme annee et suivante jusqua la sixieme et septieme annee que doit finir le temps du sevrage à raison de 5 livres par mois (1773, 1er mars). — Inspecteurs des enfants placés à la campagne, délibération du Bureau de l'hôpital général (1773, 7 juin). — Le Bureau a arreté que les enfants au dessous de cinq ans continueront d'être receus aux enfants trouvés sur les procès-verbaux de commissaires et que quant a ceux au dessus de cinq ans les commissaires indiqueront verbalement aux personnes qui les leur presenteront de les conduire scavoir les garcons a la Pitié et les filles a la Salpestriere (1773, 11 août). — Réglement pour la delivrance des actes de baptême aux enfans trouvés (1775, 10 juin). — Vente de l'emplacement de l'hôpital des Enfants rouges (1776, 29 mars). — Réglement pour les soumissions et cautionnements des meneurs (1776, 10 avril). — Établissement de nouveaux arrondissements de meneurs dans les provinces (1777, 9 avril). — Suppression de la loterie des Enfants trouvés (1777, 7 mai) — La sœur supérieure de la maison de la Couche étant entrée au Bureau a représenté que les accidents occasionnés par l'allaitement des enfans mal sains devenoient de plus en plus fréquents parmi les nourrices des enfants trouvés..... le Bureau a arrêté que M. le lieutenant général de police seroit prié denjoindre aux accoucheurs et aux sages femmes sous telles peines quil jugeroit convenables de declarer de vive voix ou par écrit soit lors de lenvoi des enfants a l'hopital soit au plus tard le lendemain matin ceux quils croiront suspect du vice vénérien ou de quelque autre susceptible de contagion (1780, 24 février). — Défense aux meneurs de se charger de messages étrangers (6 avril). — Proposition d'élever des enfants nouveau-nés avec du lait d'animaux (1780, 30 novembre). — Union des biens et revenus de lhopital Saint-Jacques à ceux des Enfants trouvés (1781, 30 mai). — Enfants envoyés à Château-Renard en Gâtinais pour être élevés avec du lait d'animaux (1781, 30 mai). — Union de l'hospice de Vaugirard à l'hôpital des Enfants trouvés (1781, 5 septembre). — Enfants trouvés confiés au chevalier de Pawlet pour être élevés conformément à un plan d'éducation imaginé par ledit chevalier (1781, 5 septembre).

Registre in-8°, 232 feuillets papier, années 1782 à 1790.

Registre des délibérations du bureau des Enfants trouvés. — Nouvelles constructions de la maison de la Couche (1782, 31 juillet-6 novembre). — Le Bureau convaincu de l'utilite et meme de la necessité dune reforme generale tant dans la distribution que dans le régime intérieur de cette maison, a arrêté ce qui suit : les trois etages de la nouvelle aile du côté du cul de sac de Jérusalem seront disposés pour y recevoir des enfans nouveaux nés du nombre de ceux que lon apportera a cet hopital ainsi que des nourrices de la campagne ou dautres femmes pour les remuer les changer et les alimenter le jour et la nuit; 2° chaque nourrice de la campagne nallaitera quun enfant qui sera celui quelle devra emporter et les autres femmes qui ne feront que les suppléer en leur absence ne pourront etre chacune chargée de plus de 3 enfants...; 5° les officiers de santé sont invités a dresser d'après leurs propres observations un reglement concernant la nature des aliments les plus propres aux enfants relativement a leur âge, a leur tempérament et aux accidents qui pourraient leur subvenir...; 8° on aura soin de faire circuler dans les nouvelles salles les remueuses et les nourrices, de manière que ces salles puissent être vacantes tour a tour et a mesure que les nourrices emporteront les enfans chez elles afin de pouvoir commodément en renouveler l'air et les disposer a recevoir de nouveaux enfans (1784, 11 mai). — Établissement d'un nouvel hôpital pour les maladies vénériennes et union de lhospice de Vaugirard à ce nouvel hôpital (1784, 5 août). — Reconstruction en marbre du maître-autel et du tabernacle de l'église du faubourg Saint-Antoine. — L'administration ajoute une somme de 600 livres au prix de pareille somme proposé par la Société royale de médecine pour l'auteur du meilleur mémoire sur la maladie aphteuse connue sous les noms de *muguet, millet, blanchet* (1786). — Enfants trouvés demandés par les entrepreneurs de la manufacture de tricot anglais établie dans l'ancien couvent des dames de Popincourt (1786, 31 juillet). — Lecture faite d'un programme envoyé par la Société royale de médecine contenant la question suivante : « rechercher quelles sont les causes de lendurcissement du tissu cellulaire auquel plusieurs enfants nouveaux-nés sont sujets et quel doit en etre le traitement soit preservatif, soit curatif » ; ce programme accompagné dune lettre de M. Vicq d'Azir secrétaire de ladite société dans laquelle il temoigne lesperance ou est cette Société que ladministration voudra bien encore ajouter 600 livres au prix de pareille somme proposee pour cette nouvelle recherche, le Bureau... a décidé quil ne peut destiner des fonds de la caisse de cet hôpital a laccroisement du nouveau prix proposé (1787, 19 septembre). — Résultats de l'essai du nouveau régime pour les enfants nouveau-nés, gratifications aux officiers de santé de la maison de la Couche (1788, 23 janvier). — Extrait du rapport des commissaires de la Faculté de médecine sur la question de savoir si l'on doit supprimer les nourrices sédentaires à lhôpital des Enfants trouvés.

Fonds de l'hôpital des Enfants Rouges.

1 carton renfermant 20 parchemins, 54 pièces sur papier et 4 plans. Années 1524 à 1777.

Lettres patentes du roi François Ier ordonnant à ses amés et féaux conseillers Pierre Lezet, premier président en la cour de Parlement, Jean Briconnet, president en la Chambre des comptes, Mathieu de Lonjoue, maitre des requêtes ordinaires de l'hôtel, Jean Prevost, président aux enquêtes du Palais, et Antoine du Bourg, lieutenant civil du prévôt de Paris, d'informer sur la grande mortalité des enfants nés à l'Hôtel-Dieu et d'aviser aux moyens de conserver la vie de ces enfants (Fontainebleau, 14 juillet 1531). — Délégation donnée par le dit Pierre Lézet, Jean Briconnet, etc. à Pierre Carrel, examinateur au Châtelet de Paris. — Information faite par Pierre Carrel, dépositions de la prieure de l'Hôtel-Dieu, des religieuses et du maître (26 juillet 1531).

Ce procès-verbal d'information, rédigé et signé par Pierre Carrel, est un document important et curieux; je veux au moins en extraire la déposition de la prieure :

« Seur Helaine la Petite prieure dudict Hostel Dieu aagee de soixante six ans ou environ comme elle dit juree oye et examinee par moy Pierre Carrel examinateur dessus nomme present nostre dict adjoinct en une salle par bas de lhostel du bureau dudit Hostel Dieu faisant le coing de la rue Sainct Pierre aux Beufs devant le parvys Nostre Dame le vendredi vingt huitiesme jour de juillet mil cinq cens trente et ung, sur le contenu des faiz ou memoires desdicts de lHostel Dieu contenant unze articles deppose apres serment par elle faict de dire la verite que des cinquante ans ou environ elle receut lhabit et feist profession oudict Hostel Dieu pour servir les pauvres malades a lhonneur de Dieu nostre createur et faire le salut de son ame durant lequel temps elle a eu charge et exerce toutes les offices de la dicte maison et hospital ordonnez danciennette aux Religieuses dudit lieu tant petite lavandiere que grande lavandiere pouillere qui est celle qui serre les robbes apothicaresse chevetayne qui est loffice davoir la domination du service et traictement des pauvres que autres charges et offices dudit lieu au moyen de quoy elle a sceu et scet pour lavoir veu et experimente que durant son temps y a eu grant multitude de pauvres jeunes enffans tetans la mamelle qui ont este apportez et exposez audict hospital et Maison Dieu en trois diverses manieres cest assavoir les ungz quant et quant leurs meres mallades les autres dont leurs meres gesinoient et accouchoient en icelluy hospital et y deceddoient ou apres quelles estoient delivrees de leurs enffans et pour la pauvrette de leurs personnes desnuees de biens temporelz les delaissoient oudit Hostel Dieu et les autres enffans estoient bien souvent et quasi de mois en moys ou de septmaine en septmaine exposez et delaissez sur les degrez des deux grandes portes ou entrees dicelluy Hostel Dieu tant du coste de devers le parvys Nostre Dame ou eglise de Paris que de lautre coste devers petit pont en pauvre et piteux estat aucunes fois gisans sur une petite poignee de feurre et souventes fois sur la dure desdictz degrez lesquels petiz enffans lon trouvoit a portes ouvrantes dudict Hostel Dieu sur iceulx degrez en grant danger *destre devorez de pourceaulx ou autre bestail* et pour la pitie charite et compassion que les dictz de lHostel Dieu en avoient et ont de jour en jour recepvoient et recepvent iceulx enffans et les recueilloient et recueillent faisoient et font penser traiter et alimenter par les officiers et servantes dudict Hostel Dieu et les aucuns baptiser quant ils navoient escripteaulx destre baptisez et dit que par communes annees elle nen a point veu plus de soixante ou soixante dix petiz enffans tant de mamelle que d'autre petit aage entrans ou aportez par leurs pere et mere par les trois sortes ou manieres dessus dictes sinon que neuf ou dix ans qui fut lannee de la grant peste elle y en veid de six a sept vingtz et dit que au moyen de ce quil y a faulte et indigence de nourrices audict Hostel Dieu et quil nen y a que une seulle ordonnee de tout temps pour subvenir a donner a teter ou allaiter les petitz enffans dont les meres sont griefvement malades et tellement quilz ne peuvent substanter ne donner la mamelle a leurs enffans elle en a veu advenir plusieurs inconveniens de mort ausdits petiz enffans qui meurent a faulte de nourriture de mamelle et ne peuvent ladicte depposant ne autres religieuses dudict hospital y porveoir ne donner ordre a leur dicte nourriture sinon que leur donner du laict de vache ou de chevre en ung buberon destain ou de terre en cornette ou enveloppe de quelque petit drappeau que lesdictz petitz enffans sussent par le bout dudit buberon qui nest pas nourriture ne substancion pour eslever ung jeune enffant comme seroit et est la mamelle de la mere ou dune autre nourrice. Dit aussi que au moyen des empeschemens services et pensemens quil leur convient faire dheure a autre aux pauvres anciens griefvement malades a lentour de leurs personnes tant de leur boire menger comme de chauffer et lever pour la purgation de nature elles y sont si empechees quilz ne peuvent secourir bonnement comme ilz vouldroient bien faire ausdictz petiz enffans a les nectoyer lever chauffer couvrir et penser comme ilz desiroient joinct que comme dit est ilz sont despourveuz de nourice de mamelle sinon que de fois a autre il y survient aucune femme de ville ou villages dont leurs enffans sont mors qui se viennent faire teter par lesdictz petis enffans dudict Hostel Dieu pour garder leurs mamelles et estre nourrisses d'aultruy qui nest pas chose ordinaire mais cas daventure plus a dit quelle siet de vray pour lavoir veu que au moyen du grant apport ou multitude de malades qui abordent ou sont apportez incessamment de jour en jour et dheure a autre audict Hostel Dieu frappez de diverses maladies contagieuses tant de pertes fievres chauldes que autre maladies ilz ne savent ou retirer mectre ou coucher lesdictz petiz enffans sinon au parmy des autres malades aucunes fois dix ou douze en ung lict tant aux pieds que au chevet selon la largeur et estandue dicelluy lict lesqueles a faulte de nourrices comme il est requis necessairement ne font souvent que crier braire ou plorer qui est une merveilleuse vexation et tourment aux autres pauvres paciens et malades qui desirent repos pour parvenir a convalescence et garison de leurs infirmitez et ne peuvent lesdictz petiz enffans dire ne exposer leurs maladies au moyen que les aucuns ne peuvent encores parler et les autres sont encores en fort bas aage. Dit pareillement quelle a veu souventes fois bailler la mamelle par aucunes femmes qui avoient gesine et enfante leurs enffans audict hospital et deceddez en icelluy a plusieurs autres enffans dudict hospital qui navoient pere ni mere lesquelz au moyen du laict corrompû dennuy tristesse ou melancolie quelz avoient de la mort de leurs enffans ne proufitoit pas aux enffans qui les tetoient mais leur causoit ledict laict ou tetement corruption et maladies en sorte quelle en a veu souvent advenir plusieurs enffans deceddez et dit que a loccasion des necessitez souffrettes ou indigences desdictz petiz enffans tant de mamelle que autres jeunes enffans que leurs pere et mere aportent ou amenent avecques eux et qui en brief temps comme de huit ou quinze jours prengnent le gros aer et infection de diverses maladies dudict Hostel Dieu elle en a veu et veoit de jour en jour grande mortalité dont autrement na sceu exprimer le nombre sinon quelle dit quilz se montent aucunes fois plus ou moins comme de cinquante ou soixante par an par communes annees ou lune annee portant lautre. Et le scet laDite depposante par les draps ou linge quelle baille pour les ensevelir mais dit que si lesditz petiz enffans de mamelle estoient pensez et nourriz par nourisse particuliere comme sont autres petiz enffans de la ville jusques en laage de deux ans ou environ en autre lieu qui ne feust en si gros aer infecte et corrompu de diverses maladies comme est ledict hospital il sen saulveroit et eschapperoit grand nombre par chacun an qui pourroit estre desdie ou ordonne au service de Dieu et utilite de la chose publicque en acquerant science et bonnes meurs et faisant sermons et predications a ledification du peuple de la foi chrestienne que autres bonnes œuvres et prieres particulieres tant pour le Roy nostre souverain seigneur et son noble sang royal qui avoient este cause de les preserver de ce gros aer et indigence de mamelle et occasion de leur donner ou avoir vie temporelle qui seroit ung des grands biens charitez et euvre pitiable qu'on sauroit faire comme luy samble. Et sur ce quelle a este enquise de donner son advis de lordre voye et maniere requisse de pourveoir a linconvenient et mortalité desdictz petitz enffans tant de mamelle que autres. A dit quil seroit necessaire qu'ilz eussent chascun leur nourisse et estre mis a part et separez hors dudict Hostel Dieu et gros aer dicelluy lieu qui leur est du tout contraire et de fois a autre si dangereux et infaict que non seullemens les petitz enffans de mamelle dudict Hostel Dieu en meurent mais aussy y meurent de jour en jour grant nombre d'autres enfants sevrez et en bas aage semblablement y meure quasi den en an les enffans de cueur de leur chapelle dicelluy lieu qui sont aagez de neuf dix ou douze ans et tellement que hier au soir y en eut deux frappez de peste qui sont en grand danger de leurs personnes lesquelz ny peuvent resister en si grant aage par quoy a plus forte raison sont frappez engloutiz ou infectez les enffans qui sont en mendre ou plus petit aage. Dit oultre en respondant sur le dernier article quil ne advient pas souvent quil eschappe grant nombre desdictz petiz enffans de mamelle estans oudict Hostel Dieu ne des autres petitz enffans qui entrent audict lieu sinon que quant il em rechappe aucun il se trouve de fois a autre quelque bourgeois de ceste ville ou bonhomme de villaige non ayans enffans lesquelz en visitans ledict Hostel Dieu en demandent ung ou une leur estre donne pour l'amour de Dieu pour les nourir par charite actendu qu'ilz nont aucuns enffans ce qui leur est liberablement octroye mais se meurent quasi tous lesdictz enffans a defaulte de nourriture gros aer et infection susdictz et de y pourveoir et donner bon ordre et plus nen scet.

Lettres patentes du roi François Ier portant donation d'une somme de 3600 livres tournois à prendre « des deniers qui sont par ci devant provenuz des amendes taxes a l'encontre de ceulx qui ont este trouvez delinquans au faict dusure » pour être employée à l'achat d'une maison rue du Temple dans laquelle seront recueillis « les enffans qui seront trouvez dedans lhostel Dieu fors et exceptez ceulx qui sont orphelins natifs et baptizez a Paris et faulxbourgs que lhospital du Sainct Esperit doibt prandre et les bastards que les doyens chanoynes et chappitre de Paris ont accoustume de recepvoir et faire nourrir pour lhonneur de Dieu » (janvier 1536). — Copies collationnées de contrats d'acquisition de jardin et maison d'habitation situés rue Portefoin, pour l'établissement de l'hôpital des Enfants rouges (1524 et 1535). — Lettres patentes du roi François Ier portant que les administrateurs de l'hôpital pourraient recevoir audit hôpital, outre les enfants nés à l'Hôtel-Dieu, les enfants pauvres et orphelins des villages de la banlieue et de tout le diocèse de Paris et autorisant les dits administrateurs à faire faire des quêtes par la ville au lieu des religieux de Billettes qui jouissaient de ce droit depuis plus de vingt ans (1541). — Autorisation de l'Ordinaire pour la bénédiction de la chapelle de l'hôpital des Enfants rouges, la célébration de la messe et l'exposition du Sacrement (1538-1551). — Arrêts de la cour de parlement qui maintiennent les administrateurs dans leur droit de faire faire des quêtes par la ville (1538). — Nomination par le prévôt de Paris, de Simon Hennequin, greffier des présentations de la cour de parlement, et d'Antoine Trouvé, commis au greffe du Châtelet, en qualité d'administrateurs de l'hôpital des enfants de Dieu (enfants rouges) (1550). — Plans de l'église de l'hôpital des Enfants rouges et des maisons qui en dépendent (l'un de ces plans dressé en 1772 par l'architecte Payen); requête adressée à l'archevêque de Paris par les administrateurs pour être autorisés à faire différents travaux dans l'Église (1624). — Délibérations du bureau de l'hôpital général concernant la concession, la conduite des eaux et l'entretien des regards (1736). — Lettres patentes du Roi (imprimées) portant suppression de l'hôpital des Enfants rouges et union de ses biens et revenus à ceux de l'hôpital des Enfants trouvés (mai 1772). — Déclaration du Roi (23 mars 1680) portant union de l'administration des biens des Enfants rouges à celle de l'hôpital général. — Vente faite en conséquence de lettres patentes du mois de mai 1772 par les administrateurs de l'hôpital des Enfants rouges aux sieurs Laisné, Charles et Moufle, d'une partie des bâtiments de l'hôpital, moyennant la somme de 62,600 livres (1776). — Vente par les administrateurs des Enfants rouges aux pères de la Doctrine Chrétienne composant la maison de Saint-Julien dite des Ménétriers, de l'église, de l'hôpital et d'une maison y attenant pour la somme de 68,000 livres (1777).

Fonds de l'Hôpital général.

1er carton, 54 pièces parchemin, 95 pièces papier. Années 1612 à 1779.

Ordonnance du bureau de l'H.-D. prescrivant que les malades provenant des hôpitaux des pauvres enfermés seront portés à l'H.-D. pour y être soignés (19 septembre 1612). — Edit du 27 avril 1656 portant établissement de l'Hôpital général, registré au Parlement le 1er septembre suivant. — Reglement que le Roy veut estre observé pour lhospital general des enfermez de la ville et fauxbourgs de Paris :

Deffences sont faites a toutes personnes generallement quelzconques de mandier dans la ville et fauxbourgs de Paris ainsy quil est porté par les lettres pattentes de Sa Maiesté de ce jourdhuy et sur les peines y contenües. — Les prestres mandians seront renvoyez en leurs diocese pour y estre pourveu par leurs prelats et par le clergé. — Les mandians qui sont des lieux ou les pauvres sont enfermez ou bien de ceux ausquels il y a ou doibt avoir fonds pour leur subsistance y seront renvoyez encore quils soient demeurans dans la ville et fauxbourgs de Paris si mieux ils naiment renoncer a la mandicité. — Les vagabonds et gens sans adveu seront chassez suivant les ordonnances et reglemens. — Les pauvres mandians mariez ne seront admis dans ledit hospital general mais s'ils ne peuvent gaigner leur vie leur sera donné du fonds de lhospital laumosne necessaire pour leur subsistance ou pour ayder a icelle jusques a la concurrence de ce qui leur en pourroit manquer suivant ladvis des directeurs et administrateurs dudict hospital general avec deffences ausdictz mariez de mandier sur peine du fouet et a la charge que ceux et celles qui recevront laumosne de lhospital seront tenus s'emploier et appliquer aux choses qui concerneront le service et proffit diceluy selon lordre des directeurs quand ils le trouveront plus expedient pour le bien de lhospital. — Ne seront receus audict hospital general les pauvres mandians affligez de lepre ou de maladie contagieuse ou mal venerien mais seront a la diligence des directeurs de lhospital renvoyez a ceux qui en doivent avoir le soin, de sorte quils ne puissent mandier. — Tous les autres pauvres mandians valides et invalides de quelque aage quils soient de lun et lautre sexe qui se trouveront dans la ville et fauxbourg de Paris lors de lestablissement de lhospital general qui ne pourront gaigner leur vie seront enfermez dans ledict hospital et lieux qui en dependent pour estre lesdits pauvres emploiez aux œuvres publiques manufactures et service dudict hospital selon l'ordre des directeurs. — Les femmes mendiantes abandonnees de leurs maris seront reunies audict hospital. — Les mandians aveugles et incurables seront pareillement reunis audict hospital general jusques a ce quil y ait place pour les admettre aux hôpitaux des quinze vingts et des incurables par ladvis et consentement des directeurs desdicts hospitaux. — Sera donnee aux passans l'aumosne de passade sauf leur retraite aux hospitaux de Sainct Gervais et Saincte Catherine durant le temps porté par les fondations et sans pouvoir mandier. — Ceux qui sont affligez du mal des escrouelles pourront (scavoir les estrangers durant un mois et les francois durant quinze jours) demeurer en cette ville et fauxbourgs de Paris auparavant les festes solemnelles ausquelles le Roy a coustume de les toucher avec deffenses de mandier pendant ce temps a peine destre refusez et seront tenus vider trois jours apres la ceremonie accomplie sur les mesmes peines leur sera cependant donne l'aumosne du fonds dudict hospital s'il est juge par les directeurs qu'ils en ayent besoin pour leur subsistance. — Sera faict registre par le portier ou autre personne preposee par les directeurs de chacune maison dependant de l'hospital general de tous les pauvres qui y entreront auquel registre seront mis les noms aages naissances conditions et demeures des pauvres. — Sera aussy faict registre de ceux qui sortiront desdictes maisons ou qui y seront decedez. — Sera adiouste foy ausdicts Registres ainsy que ceux des paroisses suivant les ordonnances et aux extraictz signez du greffier et pour cet effect seront tous les feuillets desdictz Registres paraphez par deux directeurs. — Les pauvres ne sortiront de l'hospital et lieux en dependans que par l'ordre des Directeurs ou de ceux qui seront par eux commis. — Les lieux de lhospital general et de tous les membres qui en dependent seront distinguez en places separees selon la diversite des sexes des sains et des infirmes, du travail et des manufactures..... — Pour exciter les pauvres enfermez de travailler aux manufactures avec plus dassiduité et d'affection ceux qui auront atteint l'aage de seize ans en lun et lautre sexe auront le tiers du proffit de leur travail sans qu'il leur en soit rien diminué ny pris aucune chose par les maistres et maistresses qui seront preposez par les directeurs ou autres officiers de l'hospital soubs peine d'estre chassez ou telle autre peine que les directeurs adviseront et a lesgard des deux autres tiers ils appartiendront a l'hospital. — Les lictz couvertures nourritures et habits ne seront point donnez par faveur et recommandation ny ostez par adversion ny haine mais seront distribuez a tous les pauvres esgallement a proportion de leur aage employ sexe besoin ou infirmitez si ce nest par ordre des directeurs pour motif de recompense ou correction selon leur prudence. — Pourront les directeurs faire recueillir les restes des tables des particuliers et communautez de la ville et fauxbourgs pour ayder a la nourriture et subsistance des pauvres. — Pourront aussy les enfans et autres pauvres dudict hospital general aller aux enterremens dans la ville et fauxbourgs de Paris lorsquils y seront mandez en tel nombre qu'on en desirera. — Seront lesdicts enfans et pauvres dudict hospital appellez enfans et pauvres de l'hospital general et vestus de robbes grises avec bonnets gris et auront chacun sur leurs robbes une marque generale avec un chifre particulier..... — Pourront les directeurs ordonner tous les chastimens et peines publiques ou particulieres dans ledict hospital general et lieux qui en dépendent contre les pauvres en cas de contravention a lordre qui leur aura esté donné ou aux choses qui leur auront esté commises mesmes en cas de desobeissance insolence ou autres scandales les chasser avec deffences de mandier sur peine du fouet pour la première fois et pour la seconde des galleres contre les hommes et de bannissement contre les femmes et en cas de recidive de telle autre peine quil sera advisé. — Les pauvres dudict hospital lorsquilz seront malades de maladie formee seront envoyez a l'Hostel Dieu pour y estre traictez et apres leur convalescence ramenez audict hospital general et sera faict mention sur le registre de leur sortie et de leur retour. Il y aura audict hospital general un lieu particulier d'infirmerie pour les indispositions communes des pauvres et un autre pour les officiers et domestiques malades dudict hospital. — Les directeurs sassembleront au moins deux fois la semaine pour deliberer et resoudre sur ce qui se presentera des affaires concernans la police ou le bien dudict hospital general, seront outre ce tenus de veiller incessamment chacun dans l'employ qui luy sera ordonné par la compagnie a ce que les pauvres et les biens dudict hospital soient toujours entretenus et administrez avec grande circonspection assiduite et œconomie. — Les directeurs prendront leur rang et scéance dans le bureau et ailleurs pour le faict dudict hospital selon l'ordre quils sont nommez et designez par les lettres et a l'advenir selon celuy de reception sans aucune distinction de qualite. — Sera tenu registre des deliberations de chacune seance par le greffier du bureau et les resultats signez tant par celuy qui presidera que par trois autres plus anciens de ceux qui seront presens sans que le greffier en puisse donner extraicts ny copies que par ordre de la compagnie. — Aux affaires communes et jours ordinaires du bureau pourront les directeurs deliberer et resoudre au nombre de sept et aux affaires importantes de dix au moins apres que les presens et absens auront este convoquez. — Lorsquil y aura une place vaccante par le decez daucuns des directeurs lhuissier en advertira tous les directeurs pour au jour du bureau suivant proposer les personnes les plus capables pour la remplir et en la prochaine sceance en estre fait reduction au nombre de quatre et au bureau suivant estre procede a leslection de lun des quatre par billets ou bulletins secrets de ceux qui seront presens laquelle eslection ne pourra estre vallable quelle ne soit aux deux tiers des voix au moins. — Pourront les directeurs choisir un receveur de lhospital general tel que bon leur semblera bourgeois ou a gages l'un et l'autre destituable a volonte et sans que ledit receveur pendant le temps de son employ puisse estre du nombre des directeurs ny avoir seance ny voix deliberative. — Sera tenu le receveur donner un estat de la recepte et depense toutefois et quantes quil en sera requis par les directeurs dont il sera oblige de suivre entierement les ordres de rendre compte au Bureau dannee en annee et lors de la presentation l'affirmer veritable en prestant le serment par devant celuy qui presidera. — Ne sera tenu le receveur faire aucune advance de ses deniers mais sil y avoit manque de fonds pour les choses necessaires audict hospital les administrateurs pourront faire emprunt et tiltre et constitution de rente ou autrement et y affecter les biens dudict hospital. — Pourront aussy les directeurs choisir un greffier qui aura une place separee pour escrire les deliberations sans quil puisse estre du nombre des directeurs ny avoir seance ny voix délibérative pendant son employ et sera tenu dobeir aux ordres des directeurs. — Seront tenus le bailly de lhospital sergens des pauvres et autres officiers se trouver au bureau des directeurs quand ilz seront mandez et a eux enjoint dexecuter tout ce qui leur sera ordonné par lesdicts directeurs. — Pour plus grande facilite de la direction soulagement des directeurs et bien des pauvres les emplois et commissions de lhospital seront partagez et distribuez a chacun des directeurs selon qu'il sera estimé plus convenable a leurs talens dont ils tascheront de s'acquitter avec soin et diligence pour en rendre compte a chacune séance. Donné a Paris le vingt septiesme jour d'apvril l'an mil six cens cinquante six. Signé Louis; contresigné de Guenegaud.

Lettre du roi Louis XIV aux administrateurs de l'hôpital général leur faisant connaître que son intention est que les aumosnes qui « avoient esté faictes pour le secours de Candie soit employees a la construction dune eglize proportionnee a la grandeur de cette maison a laquelle nous desirons que vous fassiez travailler incessamment suivant les plans et devis qui en seront faicts par le s[r] Le Vau premier architecte » (Saint-Germain-en-Laye, 10 décembre 1669). — Copie collationnée des lettres patentes du 29 avril 1673 qui nomment l'archevêque de Paris directeur et administrateur de l'hôpital général. — Copie de la déclaration du Roy du mois de janvier 1690 qui nomme directeurs de l'hôpital général les premiers présidents de la chambre des comptes et de la cour des aides, le lieutenant général de police et le prévôt des marchands. — Prestations de serment des receveurs charitables de l'hôpital général : 1681, Gourdon et Hertelon; 1683, Marechal remplacé par Langlois; 1685, Rossignol; 1686, de Pean; 1687, Daulier, 1692, Guy; 1701, Charpentier; 1707, Pellerin; 1723, Paul; 1728, Paul de Sausses et Demagny; 1732, Sautereau; 1738, Capet; 1744, Lagneau; 1750, Dutartre; 1752, Cochin; 1758, Jude; 1769, Bellanger; 1774, de Ponthieux.

2e carton, 57 parchemins, 22 pièces papier, années 1641 à 1752.

Déclaration du Roi du mois de juin 1670 et arrêt du conseil du 21 juillet suivant portant union de l'hôpital des Enfants trouvés à l'hôpital général. — Déclaration du Roi du 23 mars 1680 qui unit à l'hôpital général celui du Saint-Esprit, registré au Parlement le 12 avril 1680. — Union de l'hôpital des Enfants Rouges à l'hôpital général (1680, 23 mars). — Droits curiaux de Saint-Médard; sentence du 30 septembre 1641 qui décharge la cure de Saint-Médard de la direction spirituelle de la Pitié moyennant une redevance annuelle de 25 s.; réglement et transaction du 8 avril 1642 entre MM. les administrateurs de l'hôpital de la Pitié et le curé de Saint-Médard; écrit non signé par lequel le curé de Saint-Médard demande qu'il lui soit présenté un cierge le jour de saint Médard au lieu des 25 sous de redevance; délibération du 29 juin 1658 au sujet du reposoir fait sous la tribune de l'église de la Pitié et du refus du curé de Saint-Médard de s'y reposer et d'entrer dans l'église. — Ordonnance du 13 juillet 1696, de l'archevêque de Paris, portant que sans préjudice du droit des parties le recteur de la Maison du refuge fera la cérémonie de l'inhumation de madame d'Aligre, y décédée, sans faire passer le corps par l'église de Saint-Médard; projet d'une transaction qui rétablit le recteur de l'hôpital général dans le droit d'administrer tous les sacrements, enregistrement de ladite transaction (1742). — Traité du 22 juillet 1658 entre les directeurs de l'hôpital général et le curé de Gentilly portant que pour tous droits tant utiles qu'honorifiques il sera payé par chacun an audit sieur curé une somme de 12 livres, qu'il sera porté à l'offrande le jour de saint Saturnin par un officier de la maison de Bicêtre un cierge de cire blanche du poids d'une livre, se réservant ledit sieur curé de venir en procession à la maison de Bicêtre le jour de saint Jean-Baptiste; acte passé devant Me Dutartre, notaire, le 6 septembre 1736, par lequel le curé de Gentilly renonce à la prétention d'aller tous les ans à Bicêtre le jour de saint Jean-Baptiste, moyennant une nouvelle redevance de 12 livres. — Note de laquelle il résulte que par traité du 19 juillet 1688 entre les directeurs de l'hôpital général et le curé de Saint-Martin, au faubourg Saint-Marcel, il sera, le 4 juillet de chaque année, envoyé un officier de la maison de Saint-Denis de la Salpêtrière qui présentera à l'offrande de la messe paroissiale un cierge de demi-livre auquel seront attachés deux écus pour tous droits tant utiles qu'honorifiques que ledit sieur curé pourrait prétendre sur les maisons de la Salpêtrière et de Scipion. — Appel comme d'abus de la nomination du sieur Saint-Denis en qualité de recteur de l'hôpital général (9 août 1662); arrêt du Parlement du 23 août 1662 qui reçoit les directeurs de l'hôpital général appelans de la prise de possession du dict sieur Saint-Denis; sommation faite aux ecclésiastiques de la Pitié de prendre les jours les plus commodes aux administrateurs pour célébrer les services de MM. Hardy, De la Haye et Beguin, bienfaiteurs dudit hôpital (28 août 1662). — Arrêt du Parlement du 18 avril 1657 faisant défenses à tous notaires, huissiers ou sergens de porter aucuns exploits à l'hôpital général ailleurs qu'au bureau de la Pitié. — Lettres patentes du 10 janvier 1658 qui attribuent à la Cour des monnaies la connaissance des affaires de l'hôpital général qui sont de la compétence de la dite Cour, registrées en la Cour des monnaies le 15 janvier 1658. — Lettres d'attribution des causes de l'hôpital général au grand conseil (28 janv. 1752).

3ᵉ carton, 48 parchemins, 33 pièces papier; années 1547-1769. Déclaration du Roi (24 mars 1751) portant réglement pour l'administration de l'hôpital général de Paris, registré au Parlement le 20 juillet 1751; précis des motifs des modifications contenues dans l'arrêt d'enregistrement du 20 juillet 1751 de la déclaration du 24 mars précédent. — Arrêt du Parlement (20 juillet 1751) qui déclare nulle la nomination de la dame Moysan en qualité de supérieure de la Salpêtrière; arrêt du Conseil qui ordonne l'exécution de la déclaration du Roi du 20 juillet 1751. — Arrêt du Parlement du 2 août 1751 qui mande le sieur Reneux, greffier de l'hôpital général, pour représenter les registres des délibérations; autre arrêt du Parlement (13 août 1751) portant suppression d'un imprimé ayant pour titre: précis des motifs des modifications contenues dans l'arrêt d'enregistrement du 20 juillet 1751. — Réglement du 28 janvier 1752 fait par Sa Majesté pour l'administration de l'hôpital général. — Déclaration du Roi du 15 mars 1758 qui révoque les lettres patentes du 28 janvier 1752 et qui ordonne que l'hôpital général et autres y unis seront régis comme avant l'année 1749. — Arrêt du Parlement (19 décembre 1647) qui fait défense aux pauvres de mendier et aux habitants de Paris de leur donner l'aumône ou de s'opposer à leur emprisonnement; autre arrêt du 18 avril 1657 qui enjoint aux pauvres mendiants de se rendre en la maison de la Pitié pour être envoyés aux maisons de l'hôpital général avec défense de ne plus mendier; arrêt du Parlement du 19 novembre 1657 qui défend de donner l'aumône dans les rues, de troubler les archers dans leurs fonctions, et aux propriétaires et locataires des maisons de loger, retenir ou retirer chez eux au jour, à la semaine, au mois ni autrement aucun desdits mendiants sous peine d'amende; autre arrêt du 27 novembre enjoignant aux mendiants de sortir de Paris. — Sentence du 20 avril 1660 rendue par le bailli du chapitre de Notre-Dame de Paris qui condamne le sieur Nicolas Roland et sa femme en 100 livres d'amende pour avoir logé des mendiants. — Déclaration du Roi du mois d'août 1661 qui condamne au fouet et à d'autres peines les mendiants de profession. — Déclaration du mois d'août 1661 qui ordonne d'enfermer les pauvres ménages mariés. — Lettre de cachet (4 mai 1668 et 16 mai 1669) par lesquelles le Roi ordonne aux administrateurs de l'hôpital général d'y recevoir les pauvres amenés par les officiers de la prévôté de l'hôtel. — Lettre de cachet (17 août 1675) qui ordonne aux administrateurs de laisser enrôler les pauvres valides qui se trouvent dans les maisons de l'hôpital général. — Arrêt du Parlement du 8 août 1774 qui condamne Noel T., marinier, au carcan et aux galères pour 5 ans pour violences envers le nommé Auger, employé à la salle de la Force à Bicêtre. — Extraits des registres des délibérations du bureau de l'hôpital portant défense à toutes personnes d'entrer dans les maisons de l'hôpital sans avoir déposé leurs cannes et épées dans la loge du portier (10 fév. 1690). — Jugèment présidial rendu au Châtelet de Paris le 24 novembre 1766 qui condamne Jean B., garçon jardinier, a être rompu vif dans une des cours de Bicêtre pour assassinat commis sur la personne du nommé Patureaux, brigadier garde de la salle Saint-Léger. — Sentence du baillage de Sainte-Geneviève (20 mai 1666) qui élargit le comte de F. (sauf à comparoir quand bon semblera) pour avoir voulu forcer la maison du Refuge où étaient la dame Saint M. et autres. — Déclaration du Roi du 23 mars 1680 qui autorise MM. les Directeurs à se faire payer des rentes, legs et autres dons faits à l'hôpital général pour la subsistance et l'entretien des pauvres, malgré les lettres de surséance, lettres de cachet et de répit que pourraient obtenir les débiteurs de ces rentes. — Arrêt du Conseil du 22 août 1673 par lequel le Roi reprend la maison de la Savonnerie dont il avait fait don à l'hôpital général pour lequel cette maison était une trop lourde charge « et a sa Majesté repris et remis en sa main ladite maison de la Savonnerie et ses dependances pour en faire et disposer a sa volonté et pouvoir suivant les ordres quil luy plaira donner au dit sieur surintendant de ses bastimens a la manutention de ladicte manufacture entretennement et nouriture desdicts apprentifs sauf a sa Majesté a faire consideration de ce qu'il eschera pour l'indemnité dudict hospital general pour luy tenir lieu du don qu'elle luy avait fait de ladicte maison de la Savonnerie et de recompense des despenses faites au sujet desdicts apprentifs, pourquoy lesdicts directeurs mettront incessamment leurs mémoires ez mains dudict sieur surintendant des bastimens sur lesquels leur sera pourveu par sa Majesté ainsy qu'elle advisera bon estre... Fait au Conseil d'estat du Roy, sa Majesté y estant, tenu a Nancy le vingt deuxiesme jour d'aoust mil six cens soixante treize. Colbert ». — Arrêt du Parlement du 22 janvier 1657 portant fixation de la taxe qui sera payée pour les pauvres de l'hôpital général à la réception des officiers. — Taxe des officiers de la Cour des Monnaies, de la Cour des Aides et de l'Hôtel-de-Ville.

4e carton, 35 parchemins, 187 pièces papier. Années 1613 à 1774.

Arrêt du Conseil du 30 mars 1706 portant information de tous les privilèges et exemptions accordés à l'hôpital général pour les marchandises, provisions et autres choses destinées à l'hôpital. — Lettres patentes du mois de novembre 1724 accordant aux Directeurs de l'Hôp. général le droit de committimus au grand sceau. — Cherté des blés, les députés de l'hôpital sont appelés à donner leur avis dans une réunion tenue à l'hôpital du Saint-Esprit (1768). — Octroi de 5 sous par muids de vin entrant dans Paris accordé par lettres patentes du 30 juin 1613 aux pauvres enfermés (plus tard à l'hôpital général) pour deux tiers et pour le dernier tiers à l'hôpital Saint-Germain dit les Petites-Maisons; baux de cet octroi depuis l'année 1619 jusqu'à l'année 1702. — Lettres patentes du 11 février 1658 portant imposition au profit de l'hôpital général pendant 3 ans de 20 sols sur chaque muids de vin; signification aux commis des barrières (17 mai 1658) desdites lettres patentes avec sommation de percevoir ledit octroi. — Ordonnance de messieurs les fermiers généraux du 12 juin 1719 portant continuation de 200,000 livres payées chaque année à l'hôpital général, somme représentative de l'octroi de 20 sols qui lui avait été accordé. — Nouvel octroi de 10 sols par muids en faveur de l'hôpital général depuis 1702 jusqu'en 1774.

5e carton, 28 parchemins, 95 pièces papier. Années 1664 à 1762.

Compte de l'imposition d'un dix-neuvième dans les 30 sols par muids de vin et de liqueur entrant à Paris, imposition établie au profit des enfants trouvés (1759 à 1762). — Droit sur les cartes; procès-verbal des réparations à faire à l'hôtel de Nemours acquis par l'hôpital général pour y établir une manufacture générale de cartes à jouer (1694). — Arrêt du Parlement du 14 août 1664 portant défense de vendre aucune carte sans être marquée, avec injonction aux fabricants de venir travailler au lieu qui sera indiqué. — Acte de cession par l'hôpital général à l'hôpital de Bordeaux du tiers dans le droit sur les cartes fabriquées dans cette ville (20 septembre 1665). — Bail pour six ans au sieur Chapelain de Billy du droit sur les cartes (1665). — Droit de l'hôpital sur l'octroi des lettres de maîtrise, pièces diverses, XVIIe et XVIIIe siècles. — Déclaration du Roi ordonnant la perception au profit de l'hôpital général d'un droit de 5 s. sur chaque cent de bottes de foin entrant dans Paris pendant les années 1702 à 1754. — Déclaration du Roi du 3 décembre 1702 qui ordonne qu'il sera levé une imposition de 20 sols au profit de l'hôpital général pendant 4 années sur chaque cent pesant d'huile. — Arrêt du Conseil du 19 juin 1703 qui réduit le droit de 20 sols à 5 sols. — Mémoires pour et contre les marchands épiciers. — Suppression de ce droit en 1713.

RÉSUMÉ.

Me voici parvenu au terme de ce travail, que l'on trouvera peut-être trop sommaire sur quelques points. En publiant le récolement des Archives de l'Assistance publique, dont la garde m'est confiée depuis plus de dix ans, j'ai eu en vue un double but, accomplir un acte et un devoir de ma fonction d'archiviste et faire connaître aux érudits parisiens les ressources que peuvent encore leur offrir nos Archives pour les recherches qu'ils seraient tentés de faire sur l'histoire générale de Paris et de ses institutions hospitalières, sur les maisons, les rues, les places, les édifices, les cimetières, les ponts de la grande ville, et surtout sur les familles de notre vieille bourgeoisie parisienne. Si la tradition a longtemps été chez nous de garder nos richesses historiques avec un soin peut-être un peu trop jaloux et un sentiment excessif de la propriété, il n'en est plus de même aujourd'hui. Le plus sûr moyen de mettre les documents historiques à l'abri de toute destruction est encore de les publier ; c'est là une vérité que les cruels événements de mai 1871 ont trop bien démontrée; que les chercheurs, les curieux de documents inédits ou peu connus viennent donc avec confiance frapper à notre porte, ils trouveront en M. de Nervaux, directeur, en M. Bailly, secrétaire général de l'administration, des hommes éclairés et bienveillants qui favoriseront leurs recherches et leurs travaux.

Le relevé numérique des titres échappés à l'incendie de 1871 nous donne, sauf quelques erreurs de peu d'importance, un total de 32,422 pièces qui se décompose de la manière suivante : 23,913 pièces sur papier (y compris le contenu des 125 cartons de dons et legs), 7,512 parchemins, 569 plans, 867 registres sur parchemin et sur papier, 60 rotules sur parchemin, 1 gravure. Il est bon de le faire remarquer : nous restons, même après l'incendie, plus riches que certains dépôts d'archives départementales.

Je termine en exprimant la conviction que des recherches poursuivies avec persévérance aux Archives nationales et parmi les minutes des notaires nous feraient retrouver un grand nombre de documents dont les copies combleraient une partie des lacunes qui existent actuellement dans l'ensemble de notre dépôt.

L. Brièle.

www.ingramcontent.com/pod-product-compliance
Ingram Content Group UK Ltd.
Pitfield, Milton Keynes, MK11 3LW, UK
UKHW020603180726
13838UKWH00001B/388